세상은 됐고 나를 바꾼다

DJ 래피 지음

세상은 됐고

**태도가 본질이다!
홀가분한 삶을 위한 단단한 생각들**

나를 바꾼다

윌링북스

세상은 원래 안 바뀌니, 나나 바꾸자

세상은 원래 당신 뜻대로 잘 되지 않는다. 이 세상이 당신 뜻대로 되어야 할 필연적인 이유는 전혀 없다. 이걸 인정해야만 살아가는 데 있어 조금이나마 마음이 편해진다. 그러니 일이든 사람이든 세상 모든 것이 내 뜻대로 잘 안 될 때, 절망하거나 원망하거나 그만둘 것이 아니다. '아, 그렇구나' 하고 실패를 오롯이 인정한 다음, 다시 도전하면 된다.

돌이켜보면 나 역시 지금의 래퍼가 있기까지 내 뜻대로 된 역사가 한 번도 없다. 내 인생 최초의 뜻은 열일곱 나이에 세웠다. 락Rock에 미쳐 음악을 하겠다는 뜻을 세운 것이 고2 때다. 그러자, 아버지로부터 곧바로 태클이 들어왔다. 세상이 내 뜻대로 안 된다는 걸 깨닫기까지 얼마 안 걸린 셈이다.

우여곡절 끝에 대학에, 그것도 전혀 원한 바가 없던 학과를 들어갔다. 곧바로 락 동아리에 들어가려고 오디션을 봤는데, 떨어졌다. 역시나 세상은 내 뜻대로 되지 않았다. 군대를 가기로 마음을 먹고 DJ를 시작했는데 그때 우연히도, 전혀 뜻이 없었던 힙합 음악에 미치게 되었다.

제대를 하고 나서 나처럼 힙합에 미쳐 있던 한 친구를 만났고, 대학에서 힙합 동아리를 창립하게 된다. 그후 수없이 공연을 하고, 녹음을 하고, 방송을 하고, 앨범도 냈지만, 세상은 단 한 번도 내가 뜻한 대로 흘러가지는 않았다. 오히려 생각지도 못했던 일들의 연속일 따름이었다.

살면서 뜻대로 할 수 있는 일이 얼마나 될까? 인생의 중대한 사건은 우리의 의지와 상관없이 일어나는 경우가 비일비재하다. 태어나는 일부터가 그렇다. 우리는 부모나 나라를 택할 수 없지만, 어디서 어떻게 태어났느냐에 따라 인생이 완전히 달라진다. 이뿐만 아니라 시험, 취직, 연애, 결혼 역시 전적으로 개인의 능력과 노력만으로 결정되지 않으며, 적절한 상황과 운이 따라 줘야 한다.

인생이란 '노력'과 '의지'라는 씨줄과 '때'와 '운'이라는 날줄이 만나 직조되는 것이다. 아무리 뛰어난 사람이라도 자기 뜻만으로 모든 것을 이룰 수는 없다. 그러니 모든 일이 뜻대로 이루어지지 않는다고 더 이상 실망하거나 자책하지 말자.

누구나 최상의 조건, 최고의 결과가 계속되기를 원한다. 그러나 인생이 언제 우리 마음대로 되어주던가? 최상의 조건을 이루지 못하면 그와 성질이 비슷한 최적의 다른 일을 하면 된다. 이렇게 환경에 따라 적절히 타협할 줄 아는 능력은 어떤 상황이 닥쳐도 정신 승리할 수 있는 토대가 된다. 우리는 한 치 앞도 내다볼 수 없는 불완전한 존재다.

그러나 그래서 인생이 재미있는 거다. 야구의 재미는 어떤 공이 어떻게 들어올지 모른다는 데 있다. 타자는 '왜 내가 원하는 공이 안 들어오느냐?'라며 투수를 두드려패거나 난동을 부리는 게 아니라, 그때그때 파고드는 공에 몸을 맡긴 채 헛스윙으로, 땅볼 아웃으로, 병살타로, 깨끗한 안타로, 빨랫줄 같은 2루타로, 때로는 시원한 홈런으로 스릴을 즐긴다. 인생의 재미를 느끼고 싶다면 일단 시도해야 한다. 저질러봐야 한다.

내 곁을 스치는 수많은 사람들과 마찬가지로, 나도 일과 사람과 세상일에 대해 비슷한 고민을 해왔다. 뜻대로 일이 안 풀려 괴로웠고, 내 맘같이 움직여주지 않는 사람들 때문에 힘들었고, 알 수 없는 미래 앞에 막연히 의기소침해진 적도 있다. 겪어보니 세상은 안 변하더라. 그러나 세상이 내 뜻대로 잘 안 된다는 건, 다른 시각에서 보면 생각지도 못했던 일들이 벌어진다는 말이기도 하다. 너무나 짧은 우리의 삶 속에서 되도록 즐거움을 많이 느낄 수 있도록 우리는 마음을 열어야 한다. 전혀 예상치 못한 때에, 뜻밖의 곳에서 행복은 우리를 기다리고 있다.

세상은 원래 안 변하는 게 기본값이다. 그걸 인정하면 남은 옵션은 하나다. 내가 변하면 된다. 세상은 원래 잘 안 바뀌는 것이니 바꾸려면 나를 바꾸는 거다. 그렇게 생각하니 홀가분해졌다. 어려운 세상사도, 골치 아픈 사람 일도 견딜 만하게 되었다. 그간 겪은 고민을 끙끙대며 적은 토막글을 여기에 한 권으로 묶었다. 일상의 어느 순간에, 변화의 실마리가 될 가느다란 틈을 낼 수 있다면 좋겠다.

파블로 피카소는 이렇게 말했다.

"만일 우리가 앞으로 무엇을 할지 정확히 알고 있다면, 뭐 하러 그걸 하겠는가?"

실패를 두려워하지 말자. 완벽해지려는 욕심도 버리자. 기쁨과 슬픔, 희망과 절망, 실패와 좌절 등의 다양한 경험이야말로 우리 인생을 풍성하게 만든다. 그러니 뭐든 시도해보자. 아무것도 안 하면 실패야 없겠지만 재미도 없을 게 분명하다. 세상은 원래 우리 뜻대로 잘 되지 않는다. 그래서 인생이 재미있는 것이다.

-DJ 래피

차례

2장 차이는 한 끗에서 생긴다: 굳은 생각 털어내기

3장 내 일상이 강의실이다: 공부하듯 살아가기

4장 인간관계가 곧 삶이다: 사람과 사람 사이

5장 행복으로 한 뼘 더: 좋은 삶을 위한 습관의 재구성

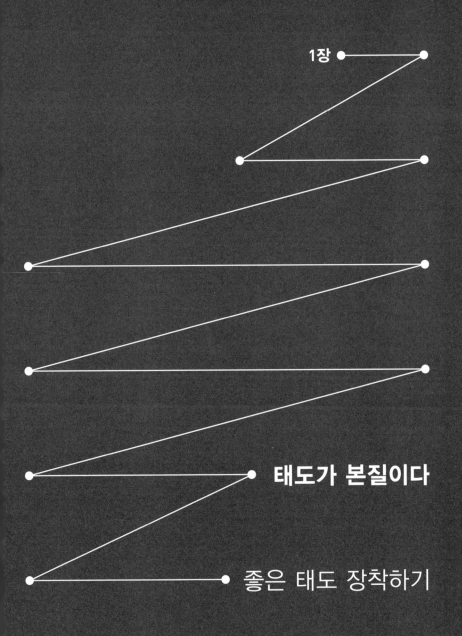

태도가 본질이다

좋은 태도 장착하기

기본값을 새로고침

우리는 모두 세상에 갑자기 내던져진 존재다. 언제, 어디서, 누구의 자녀로 태어나겠다고 동의한 분 혹시 있으신지? 우리는 우연히 지구라는 행성에서 태어났을 뿐이다. 탄생 자체가 우연의 산물이다. 우리는 우연히 이 세상에 태어나 우리보다 먼저 태어난 사람들이 만들어놓은 프레임과 규칙에 따라 열심히 살아간다.

만약 누군가 "너 이런 세상에 태어날래?" 하며 세상을 미리 보여줬다면 어떨까? 아마 싫다고 답할 수도 있을 것이다. 인생이란 때로는 아름답기도 하지만 대부분은 고통의 연속이다. 그것을 오롯이 인정하고 직시하며 기본값으로 설정해야 한다. 그래야 상처받지 않고 꿋꿋하게 걸어갈 수 있다.

인간의 근원적인 불안은 머지않아 다가올 죽음에서 비롯된다. 돈이 아무리 많아도, 끝없이 명예를 얻어도 결국 아무도 죽음을 피해갈 수는 없기 때문이다. 하여 인간은 삶의 무상함과 고통에 끊임없이 고뇌한다. 그러나 인간은 스스로 자신을 만들어갈 수 있는 존재다. 사르트르의 말처럼 실존이 본질에 앞서기에, 인간은 자신이 어떤 존재인지 스스로 결정해 나아가야 한다. 삶에 의미를 부여하는 것은 나의 실천이며 나의 선택이다.

인간이 겪는 일, 인간이 만들어내는 모든 일은 패턴에 의해서 결정된다. 하나의 패턴에 고착되면 똑같은 실수를 반복하거나 똑같은 쳇바퀴를 돌듯 살아가게 된다. 모든 싸움, 실수, 사고, 성취도 마찬가지다. 어떤 패턴으로 이루어진 삶을 사느냐가 결국 무엇을 이루느냐를 결정한다. 그래서 혁신이란 곧 패턴의 문제다. 혁신을 위한 첫걸음이 패턴을 깨는 것이라면, 패턴을 깨기 위한 첫걸음은 무엇일까? 바로 생각하는 방식, 생각의 프레임을 바꾸는 것이다. 생각의 프레임을 바꾸는 가장 유용한 도구는 바로 말이다. 말이 바뀌면 생각이 바뀌고, 생각이 바뀌면 행동이 바뀌고, 행동이 바뀌면 드디어 습관(패턴)이 바뀐다.

　그래서 우리에게는 F5 버튼이 필요하다. 새로 고침, 즉 혁신이다. 이것은 무질서한 방향으로 나아가려는 우주의 기본값과 싸우려는 음의 엔트로피다. 산다는 것은 자신을 보존하려는 자아와 자신을 망치려는 자아의 싸움이다.

　《시경》에 '여림심연 여리박빙如臨深淵 如履薄氷'이라 했고, 《도덕경》에 '약동섭천 약외사린若冬涉川 若畏四隣'이라 했다. 즉 '움츠려 조심하기를 마치 깊은 연못에 임하듯 하고, 한겨울 냇물에 살얼음을 밟고 가듯 하며', '미리 살피기를 마치 겨울에 내를 건너듯 하고, 사방의 이웃을 두려워하듯 하면' 세상살이가 아름다워진다.

　이것은 결국 말과 행동의 조심을 통한 적선이다. '적선지가 필유여경積善之家 必有餘慶', 선을 쌓은 집안은 반드시 남는 경사가 있다. 말이 바뀌면 마음이 바뀐다. 말과 마음을 다스리는 자가 되면 스스로 자기 운명에 개입하여 매일의 작은 노력으로 좋은 기운을 불러오고 운명의 흐름을 바꿀 수 있다.

김구 선생님의 말씀처럼 "상 좋은 것이 몸 좋은 것만 못하고^{相好不如}, 몸 좋은 것이 마음 좋은 것만 못하다^{身好不如心好}." 육조 혜능의 말씀처럼 바람이 움직이는 것도, 깃발이 움직이는 것도 아니라 움직이는 건 마음일 따름이다. '운명'의 운^運은 '옮길 운'이다. 움직이고, 운용하고, 운전한다는 의미다. 하늘의 명은 하나의 형태로 고정되어 있는 게 아니라 움직일 수 있는 것이다. 군주론의 마키아벨리 역시 "운명은 인생의 50퍼센트에 대한 결정적 요소이기는 하지만 나머지 50퍼센트는 우리 자신이 지배할 수 있다"라고 말했다. 무릇 움직이게 하는 것은 그 무엇도 아닌 당신의 마음이다.

산다는 건 다 그런 게 아니겠니

1994년에 나온 곡 중에 여행스케치가 부른 〈산다는 건 다 그런 게 아니겠니〉가 있다.

"산다는 건 그런 게 아니겠니 / 원하는 대로만 살 수는 없지만 / 알 수 없는 내일이 있다는 건 / 설레는 일이야 두렵기는 해도 / 산다는 건 다 그런 거야 / 누구도 알 수 없는 것"

스무 살 때는 이 노래의 가사가 이렇게 공감되는 가사인 줄 몰랐다. 44살의 가을을 앞둔 이 시점에 어쩜 이렇게 가사를 잘 썼을까 감탄하며 아침마다 흥얼거린다. 우리는 늘 자기가 원하는 대로 되지 않는 것을 괴로워한다. 나름 노력도 한 거 같은데, 원하는 결과가 나오지 않아 더 괴롭다. 그러나 이 세상 대부분의 일도, 사람도 내가 원하는 대로 잘 되지 않는 게 기본값이다. 우리는 늘 기본값을 망각한다.

자, 어떤 사람이 있는데 그 사람이 원하고 꿈꾸는 대로 다 이루어진다고 생각해보자. 그런 능력을 두고 우리는 초능력이라고 부른다. 우리는 초능력자가 아니다. 원래 세상일은 내 마음대로 잘 안 되는 게 정상이다. 호랑이의 사냥 성공률은 5퍼센트 정도다. 맹수도 그런데 하물며 인간이 어찌 100퍼센트의 성공률을 가질 수 있겠는가.

영화 〈브루스 올마이티〉에서 주인공 브루스(짐 캐리)는 삶이 불공평하다면서 짜증을 내고 하늘에다 대고 신에게 화를 낸다. 영화에서 브루스는 자신에게 딱 맞는 '유머러스한 리포터'라는 직업을 이미 갖고 있음에도, 메인 뉴스 앵커가 되려고 발악하는 캐릭터다. 그러자 신은 그에게 "좋아, 네가 한번 해봐, 쉬운지!" 하는 뉘앙스로 뉴욕 버팔로 인근을 다스릴 권한을 준다. 갑자기 전지전능해진 브루스에게 사람들의 기도 소리가 들려온다. 괴로워진 브루스는 쇄도하는 기도와 소망을 이메일

형식으로 바꾸고 책상 앞에 앉아 수많은 기도 요청에 메일로 하나하나 응답한다. 이메일 제목에는 '시험 잘 보게 해주세요', '애인이 생기게 해주세요', '복권에 당첨되게 해주세요' 등이 적혀 있다.

브루스는 쉬지 않고 요청을 들어주지만, 그래 봐야 새로운 요청이 계속 쌓일 뿐이다. 결국 브루스는 이메일의 '전체 답장' 버튼을 누른 뒤 모두에게 OK 응답을 보낸다. 그는 "자, 이제 다들 만족했겠지?"라며 뿌듯한 미소로 의자에 몸을 기댄다. 자, 이제 버팔로는 어떻게 됐을까? 만인의 요청이 서로 충돌하면서 도시 전체가 그야말로 아수라장이 된다. 이를테면, 너무 많은 사람이 복권에 당첨되는 바람에 당첨액이 17달러로 떨어져 폭동이 일어난다. 만약 영화 〈어벤저스〉에 나오는 타노스 같은 자가 버팔로에 살고 있었다면 어떻게 되었을까(타노스는 전 우주의 절반이 죽어 없어져야 한다고 주장하는 빌런이다)? 이 영화는 우리에게 심오한 질문을 던진다. 만약 신이 세상 사람들의 기도를 전부 들어준다면 어떤 일이 벌어질까?

산다는 건 다 그런 거다. 내가 선택한다고 다 이루어질 수는 없는 것. 그러니 몇 퍼센트일지 모르는 성공 확률을 조금이라도 높이기 위해 담담하게 다시 계속 시도하는 것. 원하는 대로 다 되지 않는다고 괴로워할 이유는 하나도 없다. 노자는 "천지는 어질지 않아서 만물을 짚으로 만든 개로 본다天地不仁, 以萬物爲芻狗"라고 했고, 공자는 "살아있는 한, 편히 쉴 곳은 없다"라고 말했다. 세상 모든 것은 이익을 좇아 이리저리 움직이지만 모두의 뜻대로 다 될 수가 없는 게 자연의 이치다. 적어도 이 점에서는 모두가 평등하다.

"두 개의 직장을 가지고 있는 미혼모가 시간을 쪼개서 아이의 축구 연습을 보러가는 게 기적이야. 십대 아이가 마약을 안 하고 학업에 열중하면 그게 기적이야. 사람들은 기적의 능력을 가지고서도 그걸 잊고 나에게 소원을 빌어. 기적을 보고 싶나? 그럼, 스스로 기적이 되게."

—〈브루스 올마이티〉 중 신의 대사

뻣뻣하면 부러지느니

노자의 《도덕경》을 관통하는 중요한 사상 가운데 하나는 음유의 철학이다. 음유는 《주역》에서 계속 등장하는 말로, 양강의 반대말이다. 양보다는 음을, 굳셈보다는 부드러움을 중시하는 철학이다. 《도덕경》에는 이 점을 강조하는 말이 여러 번 나온다.

"부드럽고 약한 것이 굳세고 강한 것을 이긴다."(36장)
"사람이 태어날 때는 부드럽고 약하지만 죽을 때는 딱딱하고 강하다. 초목이 태어날 때는 부드럽고 야들야들하지만 죽을 때는 딱딱하게 마른다. 그러므로 딱딱하고 강한 것은 죽음의 무리요, 부드럽고 약한 것은 삶의 무리다."(76장)

"천하에 물보다 더 부드럽고 약한 것이 없지만 굳세고 강한 것을 공격하면 아무도 그것을 이길 수가 없다."(78장)

물이 흐르다가 바위를 만나면 항상 피해서 돌아간다. 그러나 홍수 때는 커다란 바위도 굴린다. 한 방울 한 방울씩 떨어지는 낙숫물은 그 양이 지극히 적지만 결국 바위도 뚫는다. 어린아이의 몸은 부드럽고 약하다. 봄철 갓 물이 오른 버드나무 가지 역시 부드럽고 약하다. 그러나 그 속에는 생명력이 가득차 있다. 이에 비해 노인의 몸이나 겨울철의 나뭇가지들을 보라. 노인의 몸은 굳어 있다. 그리고 겨울철의 나뭇가지들은 딱딱하다. 이들은 생명력이 없다.

노자가 말하는 '부드럽고 약한 것'은 그냥 말랑말랑하기만 하고 아무 힘이 없는 것을 말하는 것이 아니다. 그것은 굳세고 강함을 속으로 감춘 약함이다. 외유내강外柔內剛이 이루어질 때 비로소 이유제강以柔制强, 즉 부드러움으로 굳셈을 제압하는 것이 가능해진다. 이런 이유제강의 사상이 권법으로 나타난 것이 바로 태극권이다. 부드러움으로 강함을 제압하는 것이야말로 태극권이 다른 권법과 가장 큰 차이를 보여주는 부분이다.

격투기의 대가 최배달이 격투기로 세계를 제패하기 위해 전 세계의 고수들과 혈투를 벌이던 중에 홍콩에서 태극권의 달인인 진노인에게 도전을 했다. 당시 최배달은 한참 혈기왕성할 때였으나 아무리 강한 힘으로 노인에게 달려들어도 가까이 가면 탄성에 의해 튕겨 나오기 때문에 제압하기가 쉽지 않았다고 한다. 최배달은 후에 자서전에서 "힘은 내가 앞섰으나 기술적인 부분은 나보다 뛰어났다"라며 진노인을 대단한 권법가로 묘사했다. 일각에서는 최배달이 완벽하게 진 대련이라는 주장도 있으나, 사실 확인은 어렵다. 다만 팩트는 최배달이 진노인의 태극권을 인정했고 진노인에게 태극권의 원리도 배웠다는 것이다.

　유연하고 완만한 동작의 태극권은 상대의 공격에 힘 대 힘으로 대항하지 않고 그 힘을 이용해 공격한다. 즉, 맞받아치지 않고 들어오는 힘을 그 결대로 흘러버리는 것이다. 태극권의 기본 개념은 부드러움으로 강함을 이기려는 사상에서 나온 것이다. 이는 노자의 사상과도 일맥상통한다.

세상일은 우리 마음대로 잘 되지 않는다. 사람도 내 마음대로 잘 되지 않는다. 이렇듯 마음대로 잘 되지 않는 험한 인생길에서 충격과 덜컹거림을 흡수하는 법을 배운다면 더 오래 더 행복한 여정을 즐길 수 있다.

삶의 충격을 흡수하지 않고 끝내 부딪히고 저항한다면, 엄청난 심리적 갈등을 겪게 될 것이다. 버드나무처럼 휘어지기를 거부하고 참나무처럼 뻣뻣하게 저항한다면, 끊임없이 걱정하고 긴장하는 삶으로 인해 커다란 심리적 비용을 감수해야 할 것이다.

"버드나무처럼 휘어져라. 참나무같이 저항하지 마라."

자동차 타이어는 강함으로 저항하여 견디는 것이 아니다. 최초의 타이어 제조업자들은 노면의 충격에 저항하는 타이어를 만들려고 했지만, 이내 갈기갈기 찢어지고 말았다. 결국 그들은 노면의 충격을 흡수하는 타이어를 만들었고, 타이어는 충격을 견뎌낼 수 있었다.

왜, 그리고 어떻게 사느냐

지나가는 사람들에게 "왜 사느냐?"라는 질문을 하고 다니는 유튜브 영상을 보았다. 사람들은 각자 저마다의 대답을 하거나, 얼버무리거나 대답을 잘 못 하는 경우도 있었다. 그러나 사실 "왜 사느냐?"라는 질문은 질문 자체가 잘못됐다.

생각해보자. "왜 가느냐?"라는 질문에는 "(내가 가고 싶다는 의지를 가지고 자발적인 선택을 했기에) 가고 싶어 간다"라는 답이 나올 수 있다. "왜 먹느냐?"라는 질문에는 "(내가 이것을 먹고 싶다는 의지를 가지고 자발적인 선택을 했기에) 맛있어서 먹는다"라는 답이 나올 수 있다. 그런데 "왜 사느냐?"라는 질문에는 "태어났으니까 산다"라는 대답 말고는 나올 것이 없다. 이 질문에는 "내가 몇 년, 몇 월, 며칠, 몇 시, 몇 초에 태어나려는 강력한 의지를 가지고 A라는 엄마와 B라는 아빠를 내가 자발적으로 선택했기에……"라는 전제가 붙을 수가 없다. 따라서 우리는 "왜 사느냐?"라고 물을 게 아니라 "어떻게 사느냐?" 또는 "어떻게 살 것이냐?"라고 물어야 한다.

우리는 우리의 의지로 태어난 것이 아니다. 자신의 유전자를 전달하기 위한 '이기적 유전자 시스템'(리처드 도킨스) 방식의 결과물이 바로 우리다. 인간의 번식 역시 유전자를 존속시키기 위해 프로그램된 행동일 뿐이다. 생명체는 죽지만 유전자는 번식을 통해 대를 거듭하여 계속 지구에 살아남는다. 유전자 증식을 위해 유전자는 암수가 서로 끌리도록, 그리하여 짝짓기를 하면 쾌감이 생기도록 뇌를 스스로 진화시켜 왔다. 즉, 육체적 쾌락은 우리의 유전자 복제 노력에 대한 유전자의 보상이다. 정리하자면, 엄마 A와 아빠 B의 유전자 복제 노력의 일환으로 그들은 짝짓기를 통한 쾌락을 보상받고, 그 결과물로 우리는 (우리의 의지와 선택으로가 아니라, 부모의 유전자 번식의 의지로 인해) 이 세상에 '던져지게' 된다.

우스갯소리로 하는 말 중에 '태어나 보니 엄마가 비욘세, 아빠가 제이지'라는 비유, 많이 들어봤을 것이다. 보통은 '태어나 보니 엄마가 A, 아빠가 B인 아이 C'의 케이스는 대다수의 부러움을 사는 경우가 많다. 그런데, 모두에게 부러움을 받던 C의 인생이 사실은 알고 보면 불행과 고통으로 점철되어 있거나, A, B, C 모두 불행한 결말로 이어지는 사례 또한 숱하게 많다. 여기서도 중요한 건 "어떻게 사느냐"이기 때문이다.

나는 어떻게 살고 있나? 나는 어떻게 살 것인가? 대다수의 사람들은 나와 가족이 돈 걱정하지 않고 행복하게 살기 위해 부자가, 그것도 엄청난 부자가 되려고 할 것이다. 그런데 생각해보자. 전 세계 70억 명의 인구 중 절반이 굶주리고 있고, 세계 인구 9명 중 1명이 영양실조에 시달리고 있는데, 이처럼 하루에 한 끼조차 먹지 못하는 사람을 두고 내가 굳이 엄청난 부자가 되어야 하는 이유는 무엇일까? 우리는 생각의 폭을 넓힐 필요가 있다. 나와 가족을 뛰어넘어 민족과 나라 그리고 세계 인류로 생각의 폭을 넓혀가야 한다.

"당신은 어떻게 살고 있나요?"

"아, 네. 남이야 어떻게 되건 말건 제 자손들에게만 엄청난 부를 물려주는 것을 목적으로 살아갑니다."

비루하다. 어쩌면 우리는 필요 이상의 부를 원하고 있는지도 모른다. 이 세상은 잠시 스쳐지나가는 곳일 뿐인데 말이다. 우리 모두의 중요한 사명은 우리가 살고있는 세상을 더욱 좋은 곳으로 만드는 일, 더 밝고 아름답고 따뜻한 곳으로 만드는 일, 사람들에게 따뜻한 격려의 말을 건네며, 배려하고 사랑하며 우리 모두가 행복하게 살 수 있도록 만드는 일일 것이다.

신은 우리에게 제각각의 젊음과 건강과 재능과 환경을 주었다. 평생 무엇을 이루고 갈 것인가? 나처럼 춤에 재능이 없는 사람도 대신 다른 재능을 갖고 있다. 노래에, 미술에, 운동에, 공부에 재능이 없는가? 대신 다른 재능이 분명 있을 것이다.

내게 없는 재능 때문에 괴로워하지 말아야 한다. 나에게 없는 것에 집중하지 말고 내가 가진 장점에 집중해서 적극적으로 살아가야 한다. 신이 아닌 한, 인간이라면 누구에게나 뛰어난 부분이 있고 부족한 면이 있다. 내가 가진 장점을 잘 살려 나누는 삶을 통해 "너도 잘 살고, 나도 잘 살자"의 마음가짐으로 살아가자.

나는 틀릴 수 있다

━━━━

세상을 살아가는 것은 여행을 하는 것과 같다. 험한 길이 있으면 평탄한 길도 있고, 맑은 날이 있으면 비 오는 날도 있다. 상황에 따라 서둘러야 할 때도 있고 여유를 부릴 때도 있다. 지나치게 서두르다가 피해를 보는 일도 있고, 또 꾸물거리다가 못 하는 일도 있다. 하루하루 성실히 살아가며 조금씩 앞으로 나아가는 것이 '점漸'이고, 이것이야말로 바람직한 인생을 만들어가는 법이다.

점漸은 천천히 차츰차츰 나아간다는 말이다. 밀물이 조금씩 천천히 밀려오고, 썰물이 조금씩 천천히 빠져나가는 모습이 바로 점漸이다. 태어나고 자라고 죽어가는 사람의 일생 또한 이런 모습에서 크게 벗어나지 않는다. 우리의 일생은 얼마나 천천히 움직이는가? 만사를 너무 조급하고 급진적으로 몰아붙이지 말자. 몸가짐 또한 놀이 스미듯 조용하게 천천히 하자.

점漸의 마인드로 하나씩 하나씩 배워나가되, 그중에서도 가장 중요한 공부는 바로 '사람 공부'다. 인생의 대부분은 사람과의 일이다. 사람 공부를 하려면 우선 수많은 만남을 통하여 내공을 쌓아야 한다. 진정한 앎에 이르는 출발점은 자신의 무지를 자각하는 것이다. '나는 아무것도 모른다'는 사실을 자각하는 것에서부터 모든 지식은 시작된다. 반면 '나는 안다'라는 생각에서부터 싸움은 시작된다. "암마, 그건 그게 아냐 어쩌고저쩌고……", "암마, 이건 이게 맞지 어쩌고저쩌고……."

'나는 무지하다, 나는 틀릴 수 있다. 나는 서로의 다름을 인정하며 다양성을 수용할 수 있다'를 항상 머릿속에 넣고 살아야 한다. 다양성의 대전제는 허용이다. 타인의 생각을 있는 그대로 받아들이기 위해서는 내가 모르는 게 얼마든지 있다는, 나도 얼마든지 틀릴 수 있다는 사실을 알아야 한다.

오늘도 점漸을 수없이 되뇌며 《언지후록》 33장에 나오는 '대인춘풍 지기추상^{待人春風 持己秋霜}'으로 천천히, 느린 수양을 거듭한다. 남을 대하기는 봄바람처럼 관대하게 하고, 반면에 자기에게는 가을 서리처럼 냉정하고 엄격하게 해야 한다. 우리는 대체로 반대로 한다. 자기한테는 관대하고, 다른 사람에게는 지랄 맞게 군다.

"천도^{天道}는 조금씩 운행하며 인사^{人事} 역시 조금씩 변한다. 반드시 그렇게 될 정세를 그렇게 되지 않도록 멀리 물리칠 수는 없다. 또한 그것이 금방 이루어질 수 있도록 재촉할 수도 없는 것이다."

－《언지록》 4장

"진정한 용기는 겁먹음과 같고, 진정한 지혜는 어리석음과 같다. 진정한 재주는 둔한 것과 같고, 진정으로 오묘한 것은 졸렬한 것과 같다."

－《언지질록》 239장

"더위나 추위 같은 날씨가 조금이라도 달력하고 다르면 사람들은 일기가 불순하다고 불평을 늘어놓으면서 자기의 말과 행동이 일치하지 않는 것에 대해서는 책망하지 않는다. 이는 참으로 생각이 부족한 것이 아닌가?"

－《언지질록》 74장

이 세상, 이거 내 거 아닌가?

　　잘 산다는 것. 여기서 '잘'의 의미는 무엇인가?
아리스토텔레스는 "삶이 중요한 게 아니라 잘 사는 게 중요하
다"라고 했다. '잘'이 뜻하는 바는 삶의 의미를 갖고 사느냐,
갖지 못하느냐의 문제다. 내가 추구하는 삶의 의미는 한량이
다. 한량, 사전에 이렇게 나온다.

　　한량閑良: 돈 잘 쓰고 잘 노는 사람.

　여기도 '잘'이 나온다. '잘'을 오해하지 말자. '잘 쓴다'라고
하는 것은 '많이 쓴다'는 것이 아니다. 가진 한도 내에서 효율
적으로 쓰는 것, 의미 있게 쓰는 것, 그것이 바로 '잘 쓰는' 것

이다. '잘 노는' 것도 마찬가지. 내가 좋아하는 것에 몰입하고 내가 좋아하는 것을 하며 좋아하는 사람들과 의미 있게 노는 것, 그것이 '잘 노는' 것이다. 맥주 한 잔만 있어도 된다. 김치 향 가득한 맛집 발견의 감탄사만으로 충분하다. 이것은 에피 쿠로스의 행복관과도 흡사한데, 에피쿠로스는 흔히 쾌락주의 자로 잘못 알려져 있지만, 사실 인간의 행복에 대해 진지한 고 민을 했던 철학자다. 에피쿠로스의 행복은 우정, 자유, 오후의 햇살 등이다. 그중에는 '갓 구워낸 빵'도 있더라.

인생에 '잘'이라는 수식어가 붙으려면 삶의 의미를 찾아가 는 과정이 매우 중요하다. 이 세상, 이거 내 거 아닌가? 내가 가는 곳이 결국 세계의 중심이고, 내가 진정으로 하고 싶은 일 을 하는 것이 세계의 존재 이유다. 우리는 이렇듯 삶의 의미를 찾아갈 때 비로소 자기 삶을 '잘' 살게 된다. 무작정 행복해지 기 위해, 더 큰 성공을 하기 위해 더더욱 숨가쁜 삶을 살면서 정작 너무 바빠서 행복할 수 없다는 모순, 나는 그것이 싫다.

먹고 싶은 거 먹고, 하고 싶은 거 하고, 가고 싶은 데 가고, 보고 싶은 사람 보며 사는 것, 그게 내 기준에서는 '잘' 사는 거다. 더 벌고 싶지도, 높이 올라가고 싶지도, 더 바삐 살고 싶지도 않다. 그런 의미에서 나는 지금 겨울바다로 간다. 더 이상의 자세한 설명은 생략한다.

활을 쐈는데 안 맞는 까닭

오디션에서 떨어졌다고 고민인 제자가 있다. 저 말로는 자꾸 떨어지니 슬럼프가 왔단다. 그러나 누구를 탓하겠는가, 떨어진 것도 다 자기 탓이거늘. 남 탓하지 말자. 군자는 어떤 경우라도 스스로 자기 자신에게서 잘못의 원인을 깨달아 그에 맞게 행하지 않음이 없는 법이라더라. 꼭 무언가 성취되어야만 하는 건 아니다. 성취보다는 완주에 무게를 두고 어떤 과정과 도전을 했다는 것이 중요하다. 그것을 준비하는 과정 속에서도 분명 얻는 게 있다.

오디션만 그런 게 아니다. 삶은 실패의 연속이다. 나 역시 수많은 실패를 맛보며 조금씩 성장해왔고 지금도 여전히 다양한 실패를 겪는 중이다. 나름 자기 분야에서 껌 좀 씹고 다리 좀 떤다는 양반들도 다 제각각 실패의 경험이 수두룩할 것이다. 야구도 10번 중에 3안타, 3할이면 강타자 아닌가. 이 세상에 하는 일마다 100퍼센트 성공하는 사람은 아무도 없을 것이다. 세상일에 '반드시'라고 기필할 수 있는 일은 얼마나 될까? 문제는 어떻게 그 실패를 받아들일 것이며 그 실패로부터 무엇을 배울 것인가다. 그 실패를 딛고 일어서야 한 걸음의 발전과 최소한의 도약이 기다리지 않겠는가. 그래서, 마음이 흔들릴 때는《중용》을 읽어보면 좋다.

"윗자리에 있을 때는 아랫사람을 업신여기지 않고, 아랫자리에 있을 때는 윗사람을 끌어내리지 않는다. 자신을 바로 하고 남에게서 잘못의 책임을 구하지 않으면 원망하지 않게 되니, 위로는 하늘을 원망하지 않고 아래로는 남을 탓하지 않는다. 그러므로 군자는 언제나 순리대로 처신하며 천명을 기다리지만, 소인은 그릇된 일을 행하며 요행을 바란다."

공자께서 말씀하셨다.

"궁수는 군자와 비슷한 데가 있으니, 활을 쏘아 정곡을 맞추지 못하면 돌이켜 자신에게서 잘못의 원인을 구한다."

발 사이즈가 얼마나 됩니까

아무것도 입지 않는 편안함이 제일이요, 입더라
도 제 몸에 맞는 옷이 최고다.《명상록》을 쓴 아우렐리우스는
"너는 아직도 자신을 존중하지 않고 타인들의 영혼에서 행복
을 찾는구나"라는 말로 전쟁터 한가운데에서 일기를 쓰듯 스
스로를 경계했다.

월왕 구천이 오왕 부차를 손아귀에 넣기 위해 보낸 미인 '서
시'에게는 병이 있어, 가슴이 아파 얼굴을 찡그리는 습관이 있
었다. 본인은 아파서 찡그리는 건데 이걸 동네 처자들은 너도
나도 다 따라 했다. 그러나 서시가 할 때나 예쁘지, 가뜩이나
안 예쁜 여인들이 얼굴까지 찡그리니……. 더 이상의 자세한

설명은 생략한다. 서시가 눈을 찡그린다는 뜻의 '서시빈목'이라는 고사성어는 이렇게 앞뒤 사정 재지 않고 무작정 남 따라하는 것을 가리킨다.

서시는 별명이 '침어'일 정도로 미인이지만(물고기마저 서시의 미모를 보고 꼬로록 잠겨 죽는다는 뜻), 서시가 아니면 또 어떤가. 안 예쁜 애교덩어리가 있는가 하면, 육감적인 몸매를 앞세워 남성의 시선을 끄는 여성도 있고 지성으로 승부를 거는 여성도 있다. 제멋에 사는 거지, 남들의 눈으로 제멋을 판단할 필요가 없다.

그런가 하면, 연나라 시골 청년이 조나라 수도 한단에 가서 걸음걸이를 배우는 스토리인 '한단지보^{邯鄲之步}'라는 말도 있는데, 이는 '아직 자기 본래의 걸음걸이를 잃어버려 집에는 엉금엉금 기어서 돌아왔다'는 내용을 담고 있다.

자신이 누군지도 모른 채 서시 흉내를 내는 것도 바보짓이요, 자신의 걸음걸이도 모르면서 한단의 걸음걸이를 배우겠다고 나서는 것도 바보짓이다. 그저 남이 하는 게 멋있어 보이니까 했을 뿐, 내가 잘할 수 있는 일인지, 내가 해도 어울리는지는 생각하지 않은 결과다.

장자는 "뜻에 맞지 않으면 가지 않고, 마음에 맞지 않으면 하지 않는다"라고 했으며 《수상록》을 쓴 몽테뉴는 "다른 사람들은 그대를 보지 못한다. 그들의 판결에 매이지 마라. 그대 자신의 판결에 매여라"라는 말로 다른 사람들의 평판에 매달릴 시간에 자신의 본성을 좀 더 들여다보라고 충고했다. 세네카 역시 "남의 잠에 맞춰 자기 잠을 조절하고, 남의 걸음에 보조를 맞추고, 사랑과 증오에서 남의 지시를 받는 자들의 처지가 가장 딱하다"라는 말로 인생에서 자신의 것이 얼마나 적은지 생각해보기를 권했다.

올림픽 경기장에 어떤 사람들은 선수로 오고, 어떤 사람은 관객으로 오고, 어떤 사람들은 장사하러 온다. 누구나 스포트라이트를 받는 선수로 참여하고 싶지만, 내 몫은 코치일 수도 있고, 관중일 수도 있다. 중요한 것은 내가 어떤 역할을 맡았는지 아는 것이다. 내가 수만 관중 가운데 단 한 명에 불과하더라도 내 역할은 충분히 중요하다. 내가 누군지 모를 때 비극은 시작된다.
스스로 하고 싶은 일, 잘할 수 있는 일을 해야 신발이 된다. 신발이 되면, 발자국을 남긴다. 어떤 사람은 발 사이즈가 300이어서 큰 발자국을 남기고, 어떤 사람은 발도 작고 몸무게도 가벼워서 발자국조차 희미할 수 있다. 발자국이 희미한 게 초라한 것인가? 내 신발로 내 발자국 남겼으면 된 거다. 남들이 따라오면 좋지만, 안 따라오면 또 어떤가. 나는 이미 신발이고, 이미 발자국을 남겼으면 그걸로 됐다.

가장 쉽게 꼰대가 되는 비결

세상은 넓고 '꼰대'는 많다. 예전에 모 축구팀에서 조기 축구를 한 적이 있다. 나이가 가장 어리다는 이유로 주로 골키퍼를 봤는데, 골을 먹을 때마다 경계에 실패한 군인이 욕먹듯 특정 인물에게 욕을 먹었던 기억이 있다. 선언하자면, 나는 골키퍼 훈련을 받은 적이 없다. 골키퍼 출신도 아니거니와 프로축구 선수를 하려고 그 축구팀에 들어간 것도 아니다. 웃긴 것은, 그 특정 인물은 골 찬스가 있을 때마다 아무렇지도 않게 헛발질 또는 대기권 돌파슛으로 마무리하는 스킬을 보여주었다는 것이다.

꼰대냐 아니냐의 차이는, 자기가 먼저 몸소 실천하느냐 마느냐의 차이다. 자기는 그러하지 못하면서 남 탓만 하는 것이 바로 꼰대질의 출발이다. 사람들이 '저 사람은 저런 말을 할 자격이 있다'라고 느낄 때, 그때가 바로 꼰대질의 범주에서 벗어날 수 있는 유일한 경우이며, 그 자격의 출발은 바로 '지행합일과 언행일치하는 사람이냐 아니냐'다.

회의 시간에 "네가 뭘 알아? 내가 이 바닥에서 몇십 년을 일했는데"라며 면박을 주는 리더 앞에서는 아무도 입을 열지 않게 된다. 말만 회의지, 사장 뜻대로 결론을 내는 의례적인 절차나 다름없는 것이다. 정보 유통이 빠른 요즘 세상에는 아랫사람이 더 잘 아는 부분도 있게 마련인데 꼰대들은 그걸 모를뿐더러 인정하려 하지 않는다. 부당하게 지시하는 선배에게 후배가 자유로이 반박할 수 있는 열린 통로가 필요한데, 소통이 안 되니 후배가 선배를 꼰대라 부를 수밖에 없는 형국이다. 꼰대의 세계에서 젊은 세대는 짓눌리고 기성세대는 소외된다. 정당한 충고나 조언까지 꼰대질로 치부되는 것도 꼰대 문화가 낳은 폐해다.

고전을 읽고 늘 자신을 성찰하는 사람이라면 '불치하문不恥下問(모르는 게 있으면 아랫사람에게라도 배워야 한다)'과 '삼인행필유아사三人行必有我師(세 사람이 길을 가면 반드시 그중에 내 스승이 있다)'의 정신으로 무장한 채, 절대 꼰대 식의 행동은 하지 않는다.

둥둥둥, 나에게만 들리는 북소리

내가 음악을 평생의 '업vocation'으로 택한 이유는 언젠가 죽음을 맞이했을 때 '내가 헛된 삶을 살았구나' 하고 후회하는 일이 없도록 하기 위해서다. 음악이란 큰 테두리 안에서 DJ, 교수, 방송인, 작곡가 등 다양한 '직occupation'을 수행하는 과정 자체로 나는 행복을 충만하게 느낀다. 음악을 들을 때 나는 행복하다. 내가 트는 음악에 맞춰 사람들이 춤추고 즐거워할 때 나는 행복하다. 음악을 만들 때 나는 행복하다. 음악이 있기에 나는 행복하다.

나는 세속적인 성공에는 회의를 느끼며 인간 본연의 자유를 만끽할 수 있는 삶을 염원한다. 삶의 가치를 일깨워주어야 할 숭고한 노동은 한낱 돈을 버는 수단으로 평가절하됐고, 사람들은 그 일을 왜 하는지에 대한 성찰 없이 그저 돈의 노예로 전락해버린지 오래다.

나는 나를 '직업적 풍각쟁이'로 부르길 좋아한다. 나는 음악이 있고, 친구가 있고, 맥주가 있는 곳에서라면 그 어느 때보다도 내가 살아있음을 강렬히 느낀다. 또 이 재주 덕분에 경제적인 문제마저 해결하며 살 수 있게 되었으니 이 얼마나 즐거운 삶인가. 나는 경쟁에 마음을 졸이지 않고 내 리듬대로 삶을 오롯이 즐기며 살아가려 한다. 하여 나는 노동을 하지 않는 대부분의 시간을 독서, 음악, 산책과 명상으로 보낸다.

물질을 많이 소유하고 싶은 욕망은 필연적으로 과도한 노동을 불러온다. 일과 삶의 균형이 무너진 생활을 나는 반대한다. 그러나 나는 내 생활방식을 결코 남에게 강요하지는 않는다. 모든 인간은 각각 다른 성향을 지니고 있고 그에 따라 생활방식이나 추구하는 가치도 천차만별이기 때문이다. 나는 그저 남의 생활방식을 쫓아가기보다 나 자신의 고유한 생활방식을 찾아 주체적으로 살아가고 싶을 뿐이다.

내가 좋아하는《월든》에서 뽑아낸 잠언으로 오늘 하루를 시작한다. "동료들과 보조를 맞추지 않는 사람이 있다면, 아마 그것은 다른 사람이 치는 북소리를 듣고 있기 때문일 것이다. 그 북소리가 어떤 박자를 갖고 있든, 얼마나 멀리서 들려오든, 자기가 듣는 음악에 보조를 맞추도록 내버려두자. 그가 사과나무나 떡갈나무만큼 빠르게 성숙하는 것은 전혀 중요하지 않다. 아직 봄이 가지도 않았는데 여름으로 바꾸란 말인가?"

1등이냐, 완주냐

나는 그동안 '성취가 목표인 삶'에서 '완주가 목표인 삶'으로 바뀌기까지 참으로 멀고 먼 트랙을 빙 둘러왔다. 누구나 죽을 때까지 자기에게 할당된 지랄을 다 쓰고 죽어야 한다는 '지랄 총량의 법칙'을 나는 믿는 편인데, 불혹 전의 초년 인생에서 거의 모든 지랄을 다 써버렸더니 내게는 남은 지랄이 별로 없다. 이제야 마음이 너그러워지고 세상이 달리 보인다. 지랄 총량의 법칙은 그야말로 의심할 바 없는 진리다.

처음 음악에 뜻을 품었던 것이 1992년. 긴 시간이 흐르고 나서야 묵묵히 내 페이스대로 달리며 완주를 목표로 하는 가치, 그 아름다움이 눈에 들어왔다. 목표가 달라지면 방법도 달라진다. 1등과 성취가 목표인 삶에서는 서로가 치열한 눈치 싸움을 할 수밖에 없다. 자기 페이스대로 뛰기보다는 상대방의 전략과 페이스를 살펴가며 견제하고 경쟁하면서 뛰어야 한다. 그런 숨막히는 삶에서는 타인의 낙오가 내 기쁨이 되고 마는 역설이 필연적으로 성립된다. 그러나 인생에 영원한 1등이 있던가? 달도 차면 기울고, 꽃도 활짝 피면 지게 되어 있는 것이 자연의 법칙이다. 꽃은 반만 필 때가 좋고 술은 취한 듯 만 듯 마시니, 거기에 참 멋이 있더라.

완주가 목표인 삶에는 눈치 싸움이란 것이 없다. 경쟁을 의식하는 순간 먼저 지쳐 나가떨어지기 때문에 사전에 자신이 정한 페이스대로 묵묵히 뛴다. 그저 완주가 목표인 삶을 사는 사람들은 또한 서로 도와주고 서로 힘을 모은다. 순위와 성취, 기록이 중요하지 않은 삶에서는 타인을 경쟁자가 아닌 동반자로 여기게 된다. 완주하려면 '혼자'가 아니라 '함께' 해야 한다.

비교와 경쟁이 아닌 협력과 나눔이 우선 되는 삶에서는 기록과 순위보다 완주가 중요하고, 완주를 위해서는 파트너가 필요하다. 이 세상은 결코 혼자 살아가는 것이 아니다. 상생의 가치가 사라져가는 삭막한 세상, 오늘도 그저 김시습의 〈학랑소譃浪笑〉처럼 허허 웃으며 뒷짐을 져 본다.

판단 중지

세상의 기준이 곧 내 기준은 아니다. 사람들은 심장이 가슴 왼쪽에 있다고 말하지만, 사실 심장은 가슴 중앙에 있다. 약간 왼쪽으로 치우쳤을 뿐, 분명 가운데에 있다. 그러나 으레 심장은 왼쪽에 있다고 알아왔던 탓에 모두 그렇게 말한다.

우리가 절대 불멸의 진실이라고 믿는 과학은 또 어떤가? 천재들이 만든 복잡한 이론이 영원할 것 같지만 오류가 발견되면 그 이론은 허물어진다. 프톨레마이오스는 지구를 중심으로 행성이 회전한다는 천동설을 구체화해 당시로서는 새로운 패러다임을 개척했고, 2세기에 출현한 천동설은 코페르니쿠스의 지동설이 등장하기 전인 16세기까지는 천문학 분야에서 정상과학의 위치를 차지했다. 토머스 쿤이 말한 패러다임의 전환이 말해주듯 과학도 일시적인 진실일 뿐이다.

그 어떤 것에도 흔들리지 않는 절대 진리가 존재하는가? 고대 그리스의 철학자 퓌론은 모든 명제에는 똑같은 진리값을 가지면서도 그와 정반대인 명제를 대립시킬 수 있다는 대립명제 등가성을 주장했다. 그러니 판단 중지를 통해 절대 진리에 중립적이어야 한다는 것이 그의 기본 생각이었다. 절대 진리에 현혹되지 않고 경험에 기초한 중용적 진리 관점을 견지했던 데이비드 흄과 매우 유사하다. 흄의 후대 사람으로 독일 고전철학을 마무리 지은 헤겔 또한 퓌론에 심취한 바 있다.

대부분의 사람들은 세상의 기준에 자신을 맞추며 산다. 학력, 직업, 패션, 자동차, 심지어는 인생의 동반자까지. 그들은 시대의 흐름에 맞춰 산다고 안도하지만, 결국 이는 세상의 기준에 끌려다니는 것에 불과하다. 세상의 기준이 아니라 나만의 기준을 따르고, 남이 만든 표지판을 따라가는 게 아니라 내가 직접 표지판을 세우는 것이야말로 '자존'이 아닐까? 아무리 세상의 기준과 다른 길을 가고 있더라도, 자기 스스로 자신을 믿는다면 누군가는 알아줄 것이다. 알아주지 않으면 또 어떤 가? 자신이 가고 싶은 길을 간다는 것이 중요하다.

우리는 모두 무한한 가능성을 갖고 있다. 우리의 가치는 절대 미리 정해져 있는 것이 아니다. 아무리 뛰어난 재능을 지닌 사람도 자신을 과소평가하면 재능을 펼치지 못한다. 남의 재능을 부러워하지 말고 자기가 가진 재능을 발견해야 한다.

자기 가치는 자신이 만드는 틀에 의해 결정된다. 때때로 현실은 우리의 기대를 배반하겠지만, 그게 바로 인생 아니겠는가. 마지막까지 자신의 가능성을 의심하지 말고 과정을 즐기자.

가장 빨리 불행해지는 법

불행의 시작은 자신을 남들과 비교하는 일에서 시작된다. 상대와 나의 우열을 통해 가려지는 마음 또는 내가 상대보다 더 낫다고 생각할 때 가지는 우월감은 마치 동전의 양면과도 같아서, 나보다 나은 상대를 만났을 때는 곧바로 열등감으로 바뀐다. 반면에 자존감은 상대와 나를 분리해서 나를 있는 그대로 받아들이고 자신의 고유한 가치를 아는 마음이다. 나보다 나은 상대를 만났을 때 나은 점은 인정하되 그 사실이 결코 나에게 열등감으로 되돌아오지 않는다. 자존감을 가진 사람은 어디서든 당당하며 생각, 행동 하나하나에서 자신만의 스타일이 묻어난다.

자존감은 자기의 존재 자체로부터, 곧 자아를 존중하는 것으로부터 비롯된다. 비교로부터 자유로워지는 것은 곧 '행복의 지름길'이라는 측면에서 매우 중요하다. 학벌의 비교, 외모의 비교, 집 크기의 비교, 온갖 소유의 비교 등 범람하는 비교들 속에는 인간의 무한한 욕망을 부추기는 디오니소스적 요소가 있다.

우리는 태어나기 전부터 비교의 대상이었다. 엄마 배가 다른 임부의 배보다 큰가 작은가라는 것부터 시작해서 하나하나가 다 비교의 대상이었다. 태어난 후에도 달라질 것은 없다. 체중이 다른 애보다 덜 나가나, 키는 작지 않은가, 얼굴은 예쁜가, 모든 것이 다른 영아들과 비교의 대상이 된다. 그리고 어떤 면이 정해진 기준점에 도달하지 못할 때에는 부모의 근심거리가 되어버린다.

우리 사회에서 벌어지는 일에는 선과 악의 문제가 아닌 한, 정답이 없는 경우가 많다. 그러나 사람들은 끊임없이 주위 사람들은 어떻게 생각하고 있는지 확인하면서 자기의 의견을 평가하며, 그 결과 주위 사람들의 의견이 나와 비슷하면 옳다고 생각해버리고 반대로 주위의 다수 의견과 다르면 틀리다고 생각한다.

비교는 위험하다. 다양성 상실의 주범이 된다. 심지어 예술의 카테고리에서조차 비교의 매너리즘이 횡행하는 모습들이 보인다. 피카소와 미로는 서로 그림 스타일이 다른 것이지, 어느 누가 훌륭한 예술가라고 비교할 수가 있는가? 그 비교 잣대는 과연 어디로부터 오는가? 예술은 서로 다름을 맛보는 것이 아니던가?

사람에게는 (실제보다도 더) 긍정적으로 자기를 평가하고 싶어하고 또 그 평가를 높게 유지하고 싶어하는 욕구가 있다. 이러한 자기평가란 다른 사람과의 비교에 의해 높아지기도 하고 낮아지기도 한다. 다른 사람과 비교해보아 자기가 우월하다고 느끼면 자기평가는 높아지지만 반대의 경우는 낮아지는 것이 보통이다. 특히 관여도가 높고 또 중요하다고 여기는 영역에서 다른 사람과 비교를 해 자신이 열등하다는 판단이 들면 자괴감과 상실감을 느끼게 되며 그것은 고스란히 스트레스로 작용될 수밖에 없다.

사람들이 행복감을 느끼지 못하는 가장 큰 이유는 다른 사람과 늘 비교하기 때문이다. 남과 비교하다보면 끝없는 욕심의 쳇바퀴 속에서 만족할 수가 없다. 만족하지 못하면 행복감을 느낄 겨를이 없다. 행복해지고 싶다면 다른 사람과의 비교는 금물이다. 다른 사람과 비교만 하지 않더라도 지금보다는 훨씬 행복해진다.

내가 좋아하는《그리스인 조르바》의 작가 니코스 카잔차키스의 묘비에는 다음과 같은 말이 쓰여 있다.

"나는 아무것도 바라지 않는다. 나는 아무것도 두려워하지 않는다. 나는 자유이므로."

끝날 때까지는 아직 안 끝났다

고대 로마의 철학자 키케로는 "끝나버리기 전에는 무슨 일이든 불가능하다고 생각하지 마라"라고 말했다. 그러나 이 말은 뉴욕 양키스의 전설 요기 베라의 명언으로, 레니 크래비츠의 노래 제목으로 더 많이 알려졌다. 하늘 아래 완전한 새것은 없다. 사람들은 그 말을 누가 했느냐, 수치가 얼마나 되느냐 하는 감각적 요소에 집착하지만, 정작 중요한 것은 그 말을 누가 했느냐가 아니라 그 말의 본질이다. 나아가 그것을 실행할 때에만 오직 의미가 있다.

《동물농장》,《1984》를 쓴 작가 조지 오웰은 이렇게 말했다.

"다른 사람들의 말을 들었더라면 나는 절대 작가가 되지 못했을 것이다. 내가 글을 쓸 때마다 '넌 그냥 글 쓰는 일은 접는 게 좋겠다'라고 권유하는 엄청난 설득이 있곤 했다. 내가 해줄 수 있는 유일한 충고는, 남의 충고를 듣지 말라는 것이다."

세상에서 가장 어려운 일은 쉬운 일을 지속적으로 하는 것이다. 한 가지 일이라도 지속적으로 잘 해내는 것이 중요하다. 어떤 일을 계속한다는 것은 세상에서 가장 쉬운 일이면서 또한 가장 어려운 일이기도 하다.

네덜란드의 화가 렘브란트의 제자가, "어떻게 해야 잘 그릴 수 있습니까?"라고 묻자 그는 "손에 화필을 잡고 시작하라"라고 대답했다. 어떤 식으로 그리느냐를 생각하고 있을 게 아니라 붓을 들고 일단 그리고 보는 것이 낫다는 것이다. 실행에 옮겨 하다보면, 그동안에 요령이 생기는 법이다.

마라톤 마니아들은 보통 주말에 20킬로미터가 넘는 긴 거리를 천천히 뛰는데, 이런 훈련을 LSD^Long Steady Distance라고 부른다. 그런데 LSD를 할 때 어느 구간이 가장 힘드냐고 물으면 마라토너들은 하나같이 이렇게 대답한다.

"제일 힘든 곳은, 신발 신고 현관을 나서는 그 구간이에요."

삶의 위대한 끝은 지식이 아니라 행동이다. "언젠가는 하고 말 거야"라고 말들 하지만 월, 화, 수, 목, 금, 토, 일만 있을 뿐 '언젠가Someday'란 요일은 없다. 지금이 바로 행동할 때다. 그런 의미에서 "우물쭈물하다가 내 이럴 줄 알았지"라는 조지 버나드 쇼의 묘비 문구는 우리에게 더 깊이 와닿는다. 또한 노벨문학상을 수상한 폴란드의 여류시인 심보르스카는 〈두 번이란 없다〉라는 시에서 이렇게 삶을 찬미한다.

"두 번 일어나는 것은 하나도 없고 일어나지도 않는다. 그런 까닭으로 우리는 연습 없이 태어나 실습 없이 죽는다."

중요한 것은 현재, 지금 바로 이 순간이고 생각이 아니라 실천이다. 공자도 말했다.

"비유하자면 산을 쌓다가 한 삼태기의 흙이 모자라는 상황에서 그만두었다 하더라도 그것은 내가 그만둔 것이다. 또한 비유하자면 땅을 평평하게 하기 위해 한 삼태기의 흙을 갖다 부었어도 일이 진전되었다면 그것은 내가 진보한 것이다."

먹쇠, 밤쇠, 칠복이 중에 누가 최진사댁 셋째 딸을 데려갔는가? 주인공은 칠복이다. 그는 풍선을 불어 우마차 뒤 트렁크를 가득 채우거나, 주막집을 통으로 빌려 거문고를 연주하는 등의 요란하고 특별한 이벤트를 한 것이 아니다. 그는 다만 최진사를 찾아가서 넙죽 절을 했다. 그게 전부다. 나머지 두 명은 최진사가 무섭다며 지레 겁을 먹고는 감히 도전해볼 생각도 하지 못한 것이다.

구슬이 서 말이라도 꿰어야 보배다. 흩어져 있는 구슬은 아무런 가치가 없지만 구슬을 꿰어놓으면 보배로 변한다. 오직 실천으로 옮겼을 때에만 결과가 나타날 것이다. 실천은 다른 사람이 대신해줄 수 없다. 실천은 의지의 문제이며, 열정의 문제다.

인생에 늦은 때는 언제인가

개강을 앞두고 자료 제출용으로 음악저작권협회로부터 그간 내 이름으로 만들어진 작품목록을 받아보니 148곡 정도가 되었다. 돌이켜 보면, 음악의 길을 가야 하나 회사원의 길을 가야 하나 두 갈래 길을 두고 참 많이 고민했었다. 나는 결국 두 갈래 길 중 음악의 길을 택했고 그것이 내 인생 모두를 바꾸어놓았다.

내가 결과에 연연하지 않고 즐길 수 있었던 비결은 바로 '음악이 좋아서, 작곡이 좋아서'였다. 늦깎이 독학으로 시작한 작곡 인생에 국민적 히트곡이나 소위 말하는 대박곡은 없지만 나는 전혀 개의치 않는다. 좋아하는 일을 하는 것만으로도 충분히 기쁘고 행복하기 때문이다. 노래방에서 내가 만든 곡들을 쭉 선곡해 놓고 안 부르고 틀어만 놓아도 매우 짜릿하다. 라디오에서, 파티에서, 공연장에서, 행사장에서 DJ 장비를 펼쳐놓고 음악을 트는 행위 또한 본질적으로 나 스스로 즐기기 위함이지 폼을 잡거나 슈퍼스타 DJ로 보이고자 함이 아니다.

나는 매일 아침 눈 뜨자마자 가장 먼저 책부터 읽고, 곧바로 음악의 순서로 넘어간다. 대박곡을 쓰기 위한 것이 아니다. 빅히트곡을 써서 대대손손 잘 먹고 잘 살기 위함이 아니다. 그것은 나 스스로 즐거워지기 위해서다. 일생을 통해 내가 주로 관심을 가진 건 내 감각의 기쁨을 개발하는 일이었다. 이보다 더 중요한 건 아무것도 없다. 스스로 즐겁지 않다면 어떤 것이 주어진들 무슨 소용이 있으랴.

《시튼 동물기》로 유명한 어니스트 톰슨 시튼은 어려서 박물학자가 되기를 꿈꾸었지만, 아버지는 "그따위 일은 돈도 벌 수 없고 미래도 없다"라며 그를 꾸짖었다. 인간은 타자의 욕망을 욕망한다고 했던가? 하고자 하는 일은 따로 있으나 안정된 길을 걸으라는 부모들의 말은 대체 어디서부터 시작되는 것인가. 자신의 길이 아닌 주변의 누군가가 만들어놓은 길에 몸을 맡기는 것에서 불안은 시작된다. 결국 우리는 자신의 불안을 잠재우기 위해서 남보다 좀 더 높은 자리에 올라가려고 하고, 남들보다 더 많이 가지려고 애쓴다.

또 사람들은 흔히 누가 먼저 앞서나가는지가 중요하다고 말하곤 한다. 그러나 그것은 중요하지 않다. 소설가 박완서는 40세에 등단했다. 빅토르 위고가《레미제라블》을 발표한 것은 60세 때였다.《반지의 제왕》은 톨킨이 62세에 발표한 작품이며, 히치콕은 61세에 필생의 역작〈사이코〉를 완성했다. 칸트는 57세의 나이에《순수이성비판》을 완성했고, 하이든은 70세에〈사계〉를 완성했다. 괴테는 83세에《파우스트》제2부를 완성했다.

우리는 '즐거움'이라는 일생의 키워드를 통해 천천히 옳은 방향으로 나아가기보다 빨리 어딘가에 도착하기만을 바란다.

롤랑 바르트는 즐거움을 '플레지르Plaisir'와 '쥬이상스Jouissance'로 구분한다. 쉽게 말해 플레지르는 글을 곧이곧대로 읽는 듯한 즐거움이며, 쥬이상스는 행간을 통해 보는 즐거움이다. 인식론의 지평에서 모순은 용납되지 않는다. 그러나 존재론에서 모순은 존재의 있는 그대로의 모습일 뿐이다. 그러한 의미에서 플레지르는 칸트적 즐거움이며, 쥬이상스는 헤겔적 즐거움이다. 즐거움을 전통적인 인식론의 틀 안에서 고민할 때, 그것은 플레지르의 개념을 벗어나지 못한다. 존재를 긍정하고 그것의 모순조차 그것의 일부로 인정할 때, 즐거움은 쥬이상스가 된다. 우리가 추구해야 할 즐거움은 무엇보다 쥬이상스다. 예술의 즐거움은 쥬이상스에 속하며, 이는 '작품'을 읽는 즐거움이 아니라 '텍스트'를 만들어나가는 즐거움인 것이다.

나는 죽을 때까지 뭔가를 배우고 끊임없이 하고 싶은 일의 목록을 업데이트하며 살 것이다. 방향이 정해졌다면 시간은 아무런 문제가 되지 않는다. 인생에 늦은 때란 없으니까. 천천히, 그러나 멈추지 말고 끝까지 가자. 인생이란 원래 소설 같은 거 아닌가. 페이지를 넘기기 전에는 무슨 일이 일어날지 아무도 모르는 거다.

타인의 말보다 나 자신의 이성을 더 신뢰하고, 남의 생각이나 판단을 자신을 평가하는 기준으로 삼지 말자. 이 세상에는 단순히 경제력이나 물질적 성공으로 환원될 수 없는 다양한 가치가 있다.

이제 새 학기가 시작된다. 나는 새 학기 첫 강의 때 학생들에게 이렇게 얘기할 것이다.

"누군가의 계획이나 조종에 따르지 말고 스스로 즐겁고 신나는 일을 하라. 거기서 너만의 길과 미래를 찾아라. 자기 자신으로 행동하라. 다른 사람의 길은 이미 다른 사람이 다 차지하고 있다. 신입생들이여, 가슴 뛰는 일을 하라. 그리고 그것을 꾸준히 하라."

소확행이 별건가

삶의 사소한 행복. 맥주 한 모금이 목을 타고 넘는 순간, 아침에 일어나 첫 음악을 듣는 순간, 희뿌윰한 새벽에 마지막 책장을 넘기는 순간, 우리집 개 진순이의 요란한 잠꼬대를 보는 순간, 좋아하는 사람과 함께 영화관을 나오는 순간, 그런 것들. 나는 가끔 단골 중국집에서 느긋하고 흐뭇한 표정으로 굴짬뽕을 먹고 있는 나 자신에게서 행복에 대한 정의를 엿보곤 한다. 요즘엔 이런 것을 '소확행'이라고 한다지.

영원했으면 하지만 이내 지나가버리는 시간들. 행복한 시간은 지금 이 순간에도 쏜살같이 사라져간다. 아이러니하게도 인간은 죽음을 향해 한 걸음씩 다가가는 존재다.

인간이라면 누구나 행복을 원하지만 정작 행복을 느끼면서 사는 사람은 드물다. 걱정, 두려움, 우울증, 스트레스에 쉽게 매몰되어버리는 까닭이다. 누구나 살면서 겪는 기쁨과 괴로움의 총량은 엇비슷하다. 대문호 톨스토이도 《안나 카레니나》를 통해 말하지 않았던가.

"행복한 가정은 모두 엇비슷하지만 불행한 가정은 제각각의 불행을 안고 있다."

불행한 사람의 특징은 '그냥' 불행한 것이 아니라 '몹시' 불행하다는 것이다. 그들은 심장이 두근대는 행복한 순간을 붙잡지 못하고 흘려보낸다. 행복이 어느 순간 팡파르를 울리며 거창하게 다가오는 줄 안다. 그러나 행복은 슬며시 왔다가 이내 사라진다. 행복한 순간들은 쉽게 흘려버리고 마는 사람들이 외려 걱정거리는 행여나 놓칠까봐 꽉 움켜쥔다. 그리고 세상에 자기만큼 불행한 사람은 없다고 하소연한다.

살아있는 모든 사람은 그 살아있음이 곧 행복의 순간이란 걸 깨달아야 한다. 살아 숨 쉬는 순간은 행복의 순간이다. 요컨대 행복은 조건의 문제가 아니라 받아들이고 느낄 줄 아는 능력이다. 불행한 사람은 불행 때문에 불행해진 게 아니다. 불행하다는 생각에 젖어 살기 때문에 불행해진다. 행복한 사람도 마찬가지다. 그들은 행복한 조건을 갖고 있어서 행복한 게 아니다. 그들은 행복하다고 생각하기 때문에 행복해진다.

요즈음 나는 내 일이 아닌 것에는 신경 쓰지 않고 시간을 고스란히 내 것으로 만든다. 온전히 음악과 책에만 몰두한다. 내가 하고 싶은 일을 하면서 사는 나는 행복한 사람이다. 일찍이 영국의 철학자 토머스 칼라일은 이런 말을 했다.

"자기 일을 발견한 사람은 이미 대단한 은혜를 입은 사람이다. 그런 사람은 그 이상의 것을 추구해서는 안 된다. 그 일이 그가 평생 추구해야 할 일이기 때문이다. 스스로 찾아낸 일에 열중하는 순간, 그 사람의 영혼은 순식간에 조화를 이룰 수 있다."

나는 불혹에 접어든 내 인생 2막이 펼쳐지게 된 것을 너무도 감사하게 여긴다. 인생의 목적은 남들이 알아주는 성공에 있는 것이 아니라, 내 마음대로 자유롭게 살고, 행복을 느끼며 사는 데 있는 것이 아닐까?

나는 가진 것이 없기에 가장 가볍고, 이미 손을 펼쳐 놓아버렸기에 '대단한 은혜를 입은 사람'으로 살아갈 수가 있다. 이쯤에서 링컨이 한 말이 떠오른다.

"인간은 자신이 결심한 만큼 행복해진다."

가슴 뛰는 삶이야말로 행복한 삶이다. 내가 능동적으로 꿈꾼 바로 그 삶, 자발적 의지와 행동으로 일군 삶. 행복은 소유의 문제가 아니다. 사과 하나를 쥐고도 기뻐한다면 양손에 사과를 쥐고도 더 많은 사과를 가질 수 없어 불행하다고 생각하는 사람보다 분명 행복하다.

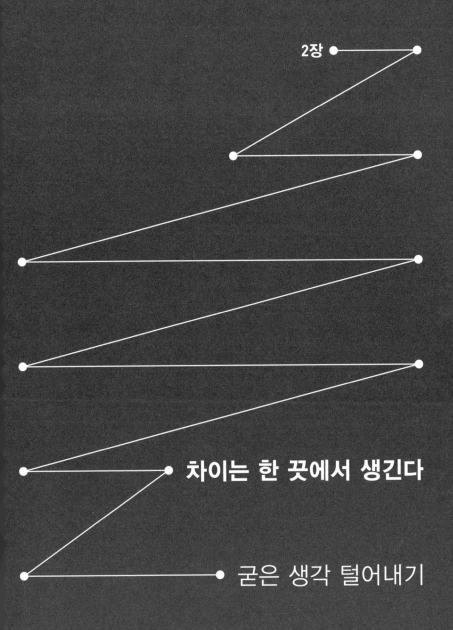

2장

차이는 한 끗에서 생긴다

굳은 생각 털어내기

안 되는 건 무슨 방법을 써도 안 된다

인생에 불가능은 없는가? 나폴레옹이 했다는 말, "내 사전에 불가능이란 없다"라는 말은 진실인가? 이 말은 사실 나폴레옹이 알프스산맥을 넘으면서 했던 말이 아니라 13년이 지난 1813년에 프랑스 장군에게 편지를 보낸 문구에서 착안, 변형된 말이라고 한다.

모두의 사전에 불가능은 있다. 안 되는 건 무슨 방법을 써도 안 된다. 그러므로 상처받지 말고 내 인연이 아닌 일이나 사람은 무덤덤하게 흘려보내고 다시 시작하면 된다.

그런데 이게 잘 안 된다. 왜? 어려서부터 "얘야, 네 사전에 불가능은 없단다"라며 세뇌하듯 가르치기 때문이다. 물론 자신감을 심어주자는 뜻은 이해가 되지만, 세상에는 우리 의지로 되는 일보다는 안 되는 일이 더 많다는 걸 냉정하게 알려줘야 한다. 그리고 간혹 실패가 있더라도 그건 네 잘못이 아니라는 것도 알려줘야 한다. 그래야 좌절하지 않고, 분노하지 않고, 거절당함에 익숙해져 씩씩하게 재도전할 수 있다.

한때 연인이었던 사람이 이별 통보를 했다는 이유로 폭력을 행사하고 협박하거나, 울고불고 식음을 전폐, 또는 극단적 선택을 하는 경우가 심심찮게 보이는 것도 이러한 심리적 이유가 있지 않겠는가? 하여 어린 시절부터 잘 거절하는 법, 또는 잘 거절당하는법, 잘 사랑하는 법, 잘 놓아주는 법을 가르쳐야 한다. 잘 사랑하는 법 못지않게 잘 이별하는 법도 중요하다.

아무리 열정적인 사람도 자기 노력으로 어찌할 수 없는 일이 있다. 기쁨, 행복, 즐거움만 기대하며 살다보면 슬픔, 시련, 불행이 찾아왔을 때 면역력이 없어 속수무책이 된다. 불행할 때는 그러려니 하고 행동해야 하는데 불행할 때조차도 행복해져야 한다고 억지를 부리니 문제가 발생한다. 약한 독으로 질병을 치료하듯이, 인생에서는 불행이나 슬픔이 오히려 행복이

나 기쁨의 감정을 더 강하게 만들어줄 때도 있다. 불행이 전혀 없는 삶이어야만 행복한 것이 아니며, 인간에게 그런 삶은 존재하지 않는다. 슬픔과 고통만 존재하는 곳이 지옥이듯이 기쁨만 존재하는 곳 또한 지옥이다.

항상 성공해야 하고, 항상 즐거워야 한다는 강박을 버리자. 우리는 어릴 때부터 늘 한계를 뛰어넘어야 한다고 배운다. 그래서 '정신상태가 틀려먹은 아이'라는 꼬리표가 싫어 능력 이상으로 자신을 채찍질한다. 그러나 세상에는 노력해서 되는 것도 있지만, 안 되는 것이 더 많다. 어른들은 그 사실을 아이들에게 알려 주지 않는다.

노력의 부족이든 재능의 부족이든, 한계는 분명 존재한다. 그러나 그건 '이 길은 네 길이 아니니 방향 전환을 하라'라고 알려주는 시그널에 불과하다. 인생의 길은 여러 갈래다. 미로 찾기에도 출구는 반드시 있다.

공연할 때는 리허설부터 한다. 그러나 인생은 리허설이란 게 없다. 매 순간의 선택이 실전이다. 그래서 무언가를 선택할 때는 한순간의 선택이 인생을 망칠지도 모른다는 두려움이 일기도 한다. 알려진 음반 판매량만 1억4,500만 장이나 되는 가수 바브라 스트라이샌드도 콘서트에서 가사를 까먹는 바람에 무대 공포증으로 수십 년간 공연 무대에 서지 못한 일이 있다. 그러나 괜찮다. 다음 공연 때 더 잘하면 된다. 인생은 한 번뿐이지만, 내 인생을 표현할 수 있는 공연이 한 번뿐인 건 아니다. 그러니 마이크를 들고 다시 무대에 서면 된다.

안 될 줄 알아도 계속 한다

띄어쓰기에 따라 의미가 달라지는 경우가 있다. '못하다'와 '못 하다'도 그렇다. '못하다'는 능력이 떨어질 경우에 쓰고("몸치라 안무를 못해"), '못 하다'는 여건이 안 될 경우에 쓴다("천재지변으로 오늘은 경기를 못 해"). '안 하는' 것과 '못 하는 (또는 못하는)' 것에 대한 이야기를 추려보니 다음 세 가지 경우의 수가 있다.

1. 할 수 있는데 안 하는 경우 : '안 하는' 것.
2. 할 수 있는데 여건상 못 하는 경우 : '못 하는' 것.
3. 할 수 없어서(능력이 없어) 못하는 경우 : '못하는' 것.

반면에 내가 가장 숭고하다고 생각하는 것은 '할 수 있든 없든, 어쨌든 해보려 하는 경우'다. 내가 존경해 마지않는 공자는 문지기들 사이에서 '안 될 줄 알면서 계속 하는 사람'이란 별명으로 통했다.

'안'은 할 수 있으나 '안 하는' 것, 곧 의지의 문제다. 나는 TV를 안 본다. 아예 없애버린지 오래다. 볼 수 있으나 볼 필요를 전혀 느끼지 못해 내 의지로 '안 보는' 것이다. 이런 경우에 '안'이라는 단어를 사용하면 된다.

'안'은 자신의 반려견이 길 가는 사람을 무는 경우에도 적용된다. 분명 목줄을 할 수 있었으나 명백히 '안 한' 것이기 때문이다. 내가 사는 마을에도 목줄 안 한 채 반려견을 데리고 다니는 견주들이 있는데, 그들의 단골 멘트는 이렇다.

"우리 개는 안 물어요."

그러나 '안 문다'라는 것은 충분히 물 가능성이 있다는 말이 된다. 내가 TV를 살 수 있는 여력이 되고, 볼 수 있는 시력이 있음에도 불구하고 필요가 없어 '안 보는' 것처럼, 그 반려견 역시 물 수는 있으나 어느 특정 순간에만 잠시 안 물고 있었을 가능성이 높다. "안 물어요"라는 말에는 사실 "물 능력은 있으나 지금 당장은 안 물고 있을 뿐이다. 언제든 빡이 돌면 널 물 수도 있어!"의 의미가 내포된 것 아닌가? 입마개를 하여 도저히 물고 싶어도 물 수 없을 때는 '못 물어요'나 '못 물어'라는 표현을 통해 물 능력도 없고, 여건이 안 됨을 알릴 수 있지만, '안 물어요'는 언제든 물 수 있다는 말이나 다름없다.

명심하자. 말이 곧 인생이고 말이 곧 칼이다. 우리는 말조심만 하고 살아도 상처를 덜 주고 상처를 덜 받으며 살 수 있다. 예컨대 이런 말은 어떤가?

"A란 사람, 저 사람 가수야? 뮤지션? 처음 보는데? 왜 활동 안 해?"

화자가 보기에 A라는 뮤지션이 보잘것없어 보일 수 있으나, A는 아마도 활동을 '안 하는' 게 아니라 '못 하는' 것이거나, 나름 열심히 활동은 하고 있지만 화자의 기준(예컨대 몇몇 예능 프로그램 출연 등)에 들어맞지 않았거나 또는 "운 좋은 시점에 운 좋은 장소에 있었기 때문에, 혹은 인맥이 있거나 재능보다 과대평가를 받은 덕분에 잘 먹고 잘 살고 있는 함량 미달의 배우나 음악가나 작가는 아주 많다"라는 닉 혼비의 말처럼 운이 없거나 인맥이 없기 때문일 수 있다. 방송은 두말할 필요도 없고, 공연도 마찬가지다. 충분히 능력이 있고, 실력도 있지만 아직 기회를 잡지 못했을 가능성이 높다.

하여 나는 그런 후배들에게 최대한 기회를 주려고 노력한다. 혼자 할 수 있는 일도 기를 쓰고 그들과 함께 하려 하고, 혼자 갈 수 있는 행사도 웬만하면 그들과 같이 가려 하고, 혼자 제안서 넣을 수 있는 일도 그들을 포함해서 제안한다. 세상엔 기회가 없어 못 하는 사람들이 너무 많다. 누구보다 내가 겪어봐서 잘 안다.

말조심 하자. 과연 100퍼센트 확실한 것이 존재할 수 있을까? 과학 지식조차도 항상 옳은 것은 아니다. 갈릴레오가 지동설을 주장했다는 이유로 종교 재판까지 받았듯이 예전에는 천체의 모든 별과 태양이 지구를 중심으로 공전을 한다고 믿었고 그것이 정상과학이었지만, 패러다임의 전환이 일어나면 진리일 것만 같던 과학적 지식도 무용지물이 된다. 지금은 아무도 천동설을 믿지 않는다. 모든 진리는 절대적이지 않고 잠정적이다.

공자가 절대 안 한 네 가지를 '자절사毋絶四'라고 부른다. 무의毋意, 무필毋必, 무고毋固, 무아毋我가 그것이다. 즉 자기 마음대로 결정하지 않고, 함부로 단언하지 않았으며, 억지를 부려 우기지 않았고, 따라서 아집을 부리는 일이 없었다. 이 모두를 하나의 속성으로 묶을 수 있는데, 그게 바로 '겸손'이다. 함부로 억측하지 말고, 균형 감각을 발휘해야 한다. 어떤 것을 예단하기 전에 늘 경계하고 신중해야 한다. 자신만 옳다고 믿지 말고, 옳고 그름에 너무 집착하지 말아야 한다. 세상에 100퍼센트 한쪽만 진리인 건 없으며, 설령 맞더라도 조건부인 경우가 대부분이다. 겸손해야 한다.

돈 좀 된다니까 그거나 해볼까

나는 음악을 사랑한다. 음악을 듣고, 만들고, 믹스할 때 나는 행복하고, 몰입한다. 넘쳐나는 창작의 욕구를 해소하기 위한 방법이 내게는 음악뿐이다. 나는 그림 그리기 등 다른 방식의 창작은 잘 할 줄 모른다. 아니, 음악 외에는 별로 하고 싶지 않다고 하는 표현이 더 맞겠다. 내 삶의 이유는 그저 음악 하며 '사는Being' 것이지, 스타 뮤지션이 '되고자Becoming' 하는 게 아니다.

'비잉'과 '비커밍'은 이런 식으로 이해하면 쉽다. 동물을 치료하는 게 너무 행복해서 "수의사의 삶을 살고 싶다"가 비잉이고, "수의사 그거 돈이 좀 되나? 수의사나 해볼까?" 하는 게 비커밍이다. 누군가 "너 대체 그 짓을 왜 하니?"라고 묻는다면 나는 무슨 대답을 할 것인지 뻔하다. "겁나 좋아하니까."

소크라테스는 입만 열면 질문을 던졌다. 그의 철학은 질문에서 시작해 질문으로 끝났다. 소크라테스의 그러한 스킬을 흔히들 '산파술'이라고 부른다. 산파는 산모를 대신해 아이를 출산할 수 없다. 아무리 고통스러워도 산모는 자신의 힘만으로 아이를 낳아야 한다.

진리도 마찬가지다. 스승은 조력자일 뿐, 배우려는 사람 스스로 깨달아야 한다고 생각했던 소크라테스는 끊임없는 질의응답으로 무지함을 깨닫고 스스로 진리를 추구하도록 이끌었다. 젊은이들 사이에서 소크라테스는 닮고 싶은 사람으로 존경받았으나, 아테네 지도층의 입장에서 소크라테스는 눈엣가시였으며 청년들이 소크라테스의 사상에 동화될 것을 우려해 결국 소크라테스를 법정에 세워 "신을 부정하고 젊은이를 타락시켰다"라는 말도 안 되는 혐의를 씌워 사형 판결을 내렸다. 그들은 질문의 무시무시한 힘을 알았던 것이다. 소크라테스는 자신의 정당함을 주장했지만 법의 기강을 세우고자 독배를 마셨다. 소크라테스가 70세, 플라톤이 28세였던 기원전 399년의 일이다.

사실 사형선고를 받은 소크라테스는 살려면 얼마든지 살 수 있었다. 재판 자체가 부당한 일이었기에 그들에게 잘못을 빌고 동정을 호소하는 식으로 연기하거나 추방형을 제의하는 등의 방법도 있었다. 플라톤이 쓴 《크리톤》에는 소크라테스의 죽마고우인 크리톤이 소크라테스에게 돈으로 감옥의 간수를 매수해 탈출할 것을 권하지만, 소크라테스가 동의하지 않는 장면이 나온다. 소크라테스는 그것이 가장 천한 노예나 할 법한 짓이라며 비열함보다는 차라리 죽음을 택하고 만다.

우리는 자신에게 "왜?"라는 질문을 끊임없이 던져야 한다. 스스로 다시 방향을 잡을 수 있는 방법을 찾도록 도와주는 것은 끊임없는 질문이다. 질문은 '성찰'과 '반성'의 다른 이름이다. 우리는 보편적으로 자신이 무엇을 하는지는 다 안다. 또 그것을 어떻게 하는지도 안다. 그러나 왜 하는지는 모르는 경우가 상당히 많다. 당장 자신에게 한번 물어보라. "나는 이것을 왜 하는가?"

질문하지 않는 삶에 올바른 방향이 자리 잡기는 힘들다. "왜?"라는 질문에 답하지 못하는 성공과 성취의 속성은 기본적으로 마약과도 같다. 마약의 쾌감에는 함정이 있다. 평상시의 쾌감이 0이라고 가정하면, 마약을 했을 때 쾌락감이 30으로 올라가는 것은 맞지만 약효가 떨어지면 그땐 다시 0이 되는 게 아니라 –20 상태가 된다고 한다. 그 후엔 더 강한 마약을 해야 30까지 올라간다. 그러나 그 이후엔 –40으로 떨어지고 만다. 한 번 정상에 올라갔던 사람이 추락하면 더 깊은 좌절감을 느끼는 것과 일맥상통하다.

나의 모든 것은 무無에서 시작되었다. 하여 나는 모든 것이 플러스도, 마이너스도 아닌 그저 0으로 수렴하는 삶을 살고 싶다. 유명해지고 싶지도 않고 돈도 더 벌고 싶지도 않다. 지금보다 더 벌고자 한다면 눈코 뜰 새 없이 바빠져야 하고 신경을 써야 하고 고민하고 스트레스받을 게 뻔하다. 늦잠 자고, 책 읽고, 음악 듣고, 음악 틀고, 음악 만들고, 그 재주로 적당히 돈도 벌고, 술 마시고, 놀러다니는 지금이 나는 더없이 좋고, 가장 행복하다. 이런 내 삶에 도대체 뭐가 부족하단 말인가?

예술가의 고민

대다수의 아티스트는 다음의 두 가지 프레임 중 하나를 선택한다. 보편적으로 그렇다는 얘기다.

1. 나는 즐겁지 않더라도 대중이 좋아하는 것을 한다.
2. 대중에게 외면받더라도 내가 좋아하는 것을 한다.

특히 예술 분야에서는 대중이 좋아하는 것을 하려면 내가 추구하는 가치는 접어야 하는 경우가 많다. 그러면 나는 즐겁지 못해도 대중의 선택을 받을 수 있다. 어떤 사람들은 그런 프레임 안으로 들어가는 것을 변절자의 행위라고 비난하기도 한다. 그런 사람들의 주장은 대충 이렇다.

"대중이 외면하는 이유는 대중이 특정 음악에 무지한 탓이다. 하여, 대중을 무시하는 우리는 꿋꿋이 하고 싶어하는 것을 하는 것이 옳은 일이라고 생각한다."

그런데 나는 좀 이해가 되지 않는다. 꼭 강요된 기존의 프레임을 따라야만 하는가? 프레임을 바꾸거나 없는 프레임을 만들어도 되는 것 아닌가?

가만히 생각을 해보니, 나는 어려서 락 음악으로 출발했지만 2004년 이후로는 모든 음악 장르에 대한 집착과 편견을 버리고 마음의 문을 열었다. 루이 암스트롱의 말처럼 "음악에서 장르는 아무 상관 없으며 세상을 아름답게 만드는 건 음악 그 자체"이므로 이제 나는 모든 장르의 음악을 사랑하고, 듣고, 믹스하고, 만든다. 누가 시켜서가 아니라 그냥 그게 좋다.

어린이날 행사에서 만화주제가 믹스를 들으며 꼬맹이들이 춤을 출 때, 나는 즐겁다. 강의 시작 전에 10대 청소년들이 좋아하는 신청곡 믹스를 따라부를 때, 나는 즐겁다. 대학 축제에서 20대 젊은이들이 EDM 믹스와 함께 열광할 때, 나도 즐겁다. 파티에서 30~40대 아재들이 가요 믹스에 막춤 출 때, 나도 즐겁다. 행사장에서 50대 이상 누님, 형님들이 고고장 디스코 믹스에 환호할 때, 나도 즐겁다. 칠순잔치에서 60~70대 이상 큰 누님, 큰 형님들이 트로트 믹스에 허리 부여잡고 나오실 때, 나도 즐겁더라.

하여, 내가 추구하는 프레임은 이렇다.

3. 나도 즐겁고 대중도 즐겁다.

세상에서 가장 중요한 원칙은 내가 하는 일을 즐겨야 한다는 사실이다. 재미있어야 오래 일할 수 있다. 내가 재미있어야 상대방도 즐거워진다. 결국 자기 삶이 재미있는 사람들만 다른 이들의 마음을 사로잡을 수 있다.

되면 다행, 안 되면 그만

얼마 전 토크 콘서트를 했을 때 질문지를 종이 비행기로 접어 무대로 날리라고 했었다. 수많은 질문지 중 대다수가 좋아하는 일을 하며 살고 싶은데 먼저 앞서는 걱정, 즉 돈벌이에 대한 걱정들이었다. 새벽에 눈을 떠《주역》을 읽다 그런 분들께 들려주고픈 구절이 나와 무릎을 탁 쳤다.

무평불파 무왕불복 간정 무구 물휼 기부 우식유복

无平不陂 无往不復 艱貞 无咎 勿恤 其孚 于食有福

'무평불파'는 '비탈지지 않은 평지는 없다'라는 뜻이니, 세상에 평평하기만 한 길은 없다는 말이다. 멀리 보이는 지평선도 마냥 평평하게만 보여도, 가까이에서 보면 실은 비탈과 언덕으로 되어 있다. 마냥 무탈하고 행복해보이는 다른 사람들의 태평도 실은 그 속을 살펴보면 나름의 고난과 어려움이 있는 것이니 부러워하거나 시기할 일이 아니라는 것이다.《토지》에 나오는 간난할멈도 "속속들이 알고 보믄 사람 사는 기이 만석꾼은 만 가지 걱정이 있고 천석꾼은 천 가지 걱정이 있더라……"라고, 같은 맥락의 썰을 풀었다.

누구나 살면서 겪는 기쁨과 괴로움의 총량은 엇비슷하다. 잘난 놈은 잘난 대로, 못난 놈은 못난 대로 '걱정 총량의 법칙'과 '지랄 총량의 법칙'은 동일하게 적용된다. 톨스토이 역시《안나 카레니나》에서 초장부터 치고 나왔잖은가.

"행복한 가정은 모두 엇비슷하지만 불행한 가정은 제각각의 불행을 안고 있다."

'무왕불복'은 '돌아오지 않는 떠남은 없다'라는 뜻이다. 인생이란 그렇게 모두 돌고 도는 것이다. 중요한 것은 남과 나를 비교하는 짓을 그만두는 것이고, 걱정과 근심 대신 자기 인생에 대한 믿음을 갖는 것이다. '그런 믿음만 있다면 먹고 사는 문제를 비롯한 경제활동과 행복 추구의 과정에 복이 있을 것'

이라는 게《주역》의 가르침이다.

살다보면 누구나 다 어려움을 겪는다. 태어나서 지금까지 마음먹은 대로 다 이루어진 사람이 어디 있겠는가? 우리가 사는 세상은 원하는 대로 다 될 수가 없는 것이 정상이다. 다 될 수가 없는데 다 되어야 한다고 생각하는 순간, 괴로움이 생겨난다. 원래 사람이 원하는 대로 다 될 수가 없다는 점을 오롯이 인정해야만, "되면 다행이고, 안 되어도 그만"의 자세가 된다. 안 되면 그만두면 되고, 그래도 하고 싶으면 또 하면 된다. 되면 다행이고, 안 되면 그만이다.

니체가《차라투스트라는 이렇게 말했다》에서 말한 낙타, 사자, 어린아이의 세 가지 변화에서 마지막 단계는 어린아이다. 어린아이는 긍정을 통해 세상을 인식한다. 어린아이는 모래성을 쌓다가 그것이 무너져 내리더라도 절망하지 않으며 해맑은 얼굴로 다시 모래를 손에 쥐고 쌓기놀이를 한다.
성공과 실패가 영원히 반복되는 인생사에 대한 긍정, 이 개념은 이

후 알베르 까뮈가 《시지푸스 신화》에서 끄집어내기도 한다. 무거운 돌을 겨우 산 정상에 올려놓으면 돌이 굴러떨어지고 다시 아래부터 돌을 밀어 정상까지 오르게 되는 반복의 형벌이다. 우리는 이런 개념을 통해 현실을 직시하게 된다.

지금 살고 있는 이 인생을 다시 한 번 완전히 똑같이 살아도 좋다는 마음, 그런 마음으로 살아야 한다. 그러면 후회 따위는 있을 수가 없다.

세상에 자신을 내던진다

━━━

　　　　　눈치나 체면보다는 자기답게 사는 게 훨씬 중요
하다. 우리는 평생 사랑을 찾아헤매지만 정작 자기 자신을 사
랑해본 적은 별로 없다. 자신을 사랑하는 법을 알려면 먼저 자
신이 누구인지 알아야 하는데, 나 자신을 모르면 자기가 뭘 좋
아하는지 모르기 때문에 자연적으로 타인의 기준에 맞춰 살게
되고 그 잣대에 나를 맞추면서 타인과 비교하고 경쟁하게 된
다. 그러나 그 경쟁에서 이긴다고 하더라도 기쁨은 오래가지
못한다. 경쟁이란 본질적으로 끝이 없는 것이기 때문이다.

　　인생에서 가장 중요한 것은 홀로 살아갈 수 있는 힘이다. 홀
로 살아가는 힘이란 다시 말하면 혼자 생각하는 힘이다. 홀로

살아갈 힘이 없는 사람은 그 자신의 진정한 행복도 얻을 수 없다. 타인에게 지나치게 의지하다보면 둘 다 불행해지거나 오히려 자신의 자유를 빼앗길 수 있기 때문이다.

우리는 모두 생각하며 살고 있는가? 생각 없이 주어진 대로 살고 있는가? 살아가는 자기만의 목적을 구체적으로 갖고 있고, 그 목적을 향해 하루하루 매진하면서 충만감을 느끼느냐 아니냐는 독립한 인간이 되었는지 아닌지를 판단하는 중요한 기준이다.

사람이 다 같을 수 있는가? 쌍둥이조차 다르다. 자기가 갖지 못한 999가지에 초점을 맞춰서 상처 입기보다는 자신이 갖고 있는 한 가지에 감사하며 그것을 제대로 활용할 줄 아는 사람이 되면 결코 남과의 비교 따위는 할 필요가 없다.

행복이란 대체 무엇인가? 행복이란 지금 내가 가진 모든 것을 소중히 여기는 것이다. 부러움, 시기심, 질투 이 모든 것들이 비교에서 시작된다. 비교는 불행의 씨앗이다. 감사할 줄 아는 사람은 유명세나 크나큰 성공, 어마어마한 부의 축재가 없어도 자기가 하는 일의 행위 자체가 목적이 되어 행복한 사람이 된다. 환경이나 조건에 상관없이 자기만의 노래를 부르고 자기 삶을 사는 사람은 얼마나 행복한 사람인가?

사르트르는 이런 말을 했다.

"실존은 본질에 앞선다."

태어나는 것을 선택할 수 없기에 우리는 태어난 순간부터 부자유 상태로 떨어진다. 인간이 태어나는 것은 내 힘으로는 어쩔 수 없는 일 아닌가. 태어나겠다고 의지를 가지고 태어난 사람은 아무도 없다. 이게 바로 '우리 모두는 이 세상에 던져졌다'는 의미의 '피투'다. '기투'라는 건 '나를 적극적으로 내던진다'는 거다. 피투의 반대 개념이다.

우리에게 미리 정해진 본질이란 것은 없다. 우리는 우리가 원하는, 좋아하는 그 무엇이라도 될 수 있는 가능성이 있다. 다만 그 꿈을 향해 끊임없이 기투하고 걸어가야 할 뿐이다.

세상에 던져졌다고 해서 멍하니 살아갈 게 아니라 적극적으로 자기를 내던져서 좋아하는 일을 찾고, 그 행위 자체를 즐기면 된다. 태어난 순간 이미 부자유 상태가 된 인생을 자유로운 상태로 변화시켜 가는 길에 삶의 진정한 가치가 있다.

양질전환의 원리

때는 지금으로부터 10여 년 전. 12월 24일 이승철 부산 콘서트에 객원 멤버로 공연을 마치고 호텔에서 반신욕을 하고 있었다. 불현듯 멜로디가 떠올라 '욕조 속 아르키메데스' 빙의 현상을 체험하며 급하게 호텔 메모지에 멜로디와 가사를 휘갈겼던 기억이 있다. 물론 사람마다 다르겠지만, 어떤 것을 만들어내려고 책상에 앉아 머리를 싸매고 있는 것보다는 이렇듯 뭔가 행동하고 실천할 때, 또는 휴식을 취할 때, 영감이 자주 떠오른다.

아이디어는 어떤 일을 하고 있는 도중에 갑자기 나오는 경우가 많다. 가만히 앉아서 위대한 창작 아이디어가 떠오르기를 기다린다면 무척 오랫동안 그렇게 앉아 있어야 할 것이다. 반대로, 묵묵히 작업을 하다보면 그 과정에서 생각도 떠오르고 일도 벌어진다. 사람들은 작업을 본격적으로 시작하기 전에 뭔가 그럴싸한 멋진 아이디어가 있어야 할 것 같다는 생각을 하지만, 무엇이 되었든 작품은 대부분 그런 식으로 잘 나오지 않는다.

발표를 했든 혼자 보려고 만들었든, 많이 만드는 것이 중요하다. 다작을 해야 그 과정에서 많이 공부하고, 많이 배우고, 실수하면서 다듬어지고 실력도 쌓인다. 이것이 바로 양질전환의 원리다. 지식 발전의 형태는 선형적이 아니라 퀀텀식이다. 퀀텀, 즉 '양자 도약'에는 사실 매우 특별한 의미가 있다. 원자 속에는 양성자와 중성자를 포함한 핵이 있으며, 전자가 각각 다른 궤도에서 핵 주위를 돌고 있는데, 전자는 특정한 궤도에 머물러 있다가 때로는 다른 궤도로 자리를 옮긴다. 에너지를 흡수하면 전자는 더 높은 궤도로 도약할 수 있고 반대로 에너지를 방출하면 더 낮은 궤도로 떨어질 수 있다. 중요한 것은 전자가 다른 궤도로 자리를 바꿀 때, 일정한 공간을 거쳐서 새로운 자리에 도착하는 것이 아니라 어느 순간 갑자기 다음 궤도로 이동한다는 것이다. 이것이 양자 도약의 의미다. 양자 도약은 하나의 환경에서 또 다른 환경으로 상황을 변화시키는 것이며, 이것은 중간 과정을 거치지 않고 즉각 일어난다.

이처럼 인생에서 중요한 것은 대부분 지루한 시간을 버텨낸 뒤에야 비로소, 어느 순간 갑자기 '퀀텀 점프'한다. 그 도약 직전까지 지루한 시간을 견뎌내지 않으면, 비약적인 발전이란 것은 없다.

피카소는 2만 점이 넘는 작품을 그렸고, 아인슈타인은 240편의 논문을 썼고, 바흐는 매주 한 편씩 칸타타를 작곡했고, 에디슨은 무려 1,039개의 특허를 신청했다. 고수들은 좋은 작품 못지않게 형편없는 작품 역시도 '무쟈게' 많이 만들었다는 사실, 그 사실이 매우 중요하다.

1954년에 노벨 화학상, 1962년에는 노벨 평화상을 수상한 화학자 라이너스 폴링은 이렇게 말했다.

"좋은 아이디어를 얻는 최고의 방법은 가능한 한 많은 아이디어를 확보하는 것이다."

인생이 지루하고 재미없는 이유

　　우리가 행복을 누리는 데 결정적으로 중요한 것은 과연 무엇일까? 가장 먼저 나올 수 있는 대답은 돈, 권력, 명예, 쾌락 정도일 것이다. 결론부터 말하자면, 인간이 오랫동안 행복을 누리며 살아가는 데 필요한 것은 사실 '지속적인 자극'이다. 그 자극이 없다면 기나긴 인생을 살아가는 동안 내내 행복감을 유지하기가 여간 어렵지 않다.

　'단순한 쾌락'은 속성상 반드시 끝이 있다. 그런 단순한 쾌락에 길들여진 삶으로는 결코 행복감을 유지할 수 없다. 아무리 좋은 것들도 반복되고 또 반복되면 끝내 지루함을 느끼게 마련이고 더 큰 쾌락을 찾아 나설 수밖에 없다. 그러다 쾌락의 밑바닥을 짚고 나면 그동안 강력하게 누려왔던 것들이 견딜 수 없는 공허함으로 다가오고 만다. 그 쾌락의 끝을 향해 달려가다보면 어느새 80세 노인이 되어 죽음을 맞이할 것이다.

그러나 단순한 쾌락과는 달리 학문, 즉 배움에는 끝이 없다. 아무리 배우고 또 배워도 한 시대를 풍미했던 정상과학은 새로운 패러다임이 등장하는 순간 옛것이 되고 또다시 새로운 이론과 새로운 기술이 끊임없이 생성된다. 라이트 형제가 하늘을 나는 첫 날갯짓을 시작하여 겨우 120피트 비행에 성공했지만, 그들이 끝없이 연구하고 공부한 덕분에 이제 인간은 날아서 못 갈 곳이 없게 되었으니, 배우고 익힌 결과는 무한과 연결된다고 해도 과언이 아니다.

사랑이라는 만고의 주제 역시 단순히 육체적 사랑으로만 접근해서는 한계에 부딪힐 수밖에 없다. 지그문트 바우만의 말을 잠시 빌리면, 사랑은 "지속적인 작업, 끊임없는 노동, 서로 배우는 동시에 가르치는 것"이다. 끝없이 상대방을, 서로를 배워가야 한다. 사랑한다는 것은 자신과는 완전히 정반대의 삶을 사는 사람을 그 상태 그대로, 자신과는 반대의 감성을 가진 사람을 그 감성 그대로 기뻐하는 것이다. 바꾸려고 하거나 간섭하는 순간 싸움은 시작된다. 그들은 사랑하는 사람이기 전에 수십 년을 전혀 다른 환경과 습관, 즉 다른 아비투스habitus를 가지고 살아온 사람들이다. 아비투스란 계층적 관행, 관습, 문화, 습관 등을 이르는 말로, 취향뿐만 아니라 판단과 행동양식을 형성한다. 서로가 차이를 인정한다는 것은 곧 약간의 긴장을 유지하면서 서로 사랑을 유지하는 법을 배워나간다는 뜻이다. 이 긴장을 불가분의 존재로 인정하는 것, 그것이 바로 사랑을 오래도록 지속할 수 있는 원동력이 된다.

우리 앞에 놓인 일시적 쾌락은 반드시 그 끝이 있다. 그 쾌락이 바닥을 드러내는 시점이 되면 우리는 공허함에 빠지게 되고 일부는 견디지 못하고 극단적 선택을 하는 경우도 있다. 단순한 쾌락을 갈망하며 산다면 더 이상 할 수 있는 것이 없다는 것을 깨달았을 때, 인생의 목표를 찾지 못하고 표류하는 자신을 바라보며 '인생이 왜 이렇게 지루하고 재미가 없는가'를 고민할 수밖에 없다. 끝없는 배움 속에서만 사랑도, 행복도 지속될 수 있다.

이것을 버려야 저것을 얻는다

극장에서 영화를 보는 도중에 갑자기 자동차 문을 잠그지 않았다는 사실이 생각났다고 치자. 차는 걱정이 되는데 극장을 빠져나갈 수는 없고, 더는 영화를 즐길 수도 없다. 바로 이것이 대부분의 사람들이 살아가는 인생의 모습이다. 삶을 즐기지도, 그렇다고 자기 능력을 마음껏 발휘하며 일에 몰두하지도 못한 채 타성에 젖어 하루하루 살아간다. 나는 지난주에도 내내 치열하게 방송을 준비하고, 열정적으로 강의를 하고, 귀에 못이 박이도록 음악을 듣고, 즐겁게 음악을 만들고, 신나게 방송을 했으며, 필사적으로 놀았다.

삶을 즐길 때는 코피가 나도록 즐기며 놀고, 공부나 일을 할 때는 주변의 어떤 소리도 들리지 않을 정도로 몰두해서 하는 것, 이것이 내가 꿈꾸고 실천하는 삶의 자세다. 매순간 최선을 다하여 시간을 소비하는 것이야말로 최고의 시간관리법이다. 자기 자신과 삶을 사랑한다면 가장 아끼고 보살펴야 할 대상은 바로 시간이다.

우리가 슬프고 힘든 이유는 원하는 것을 이루지 못했기 때문이 아니다. 사실은 그 마음을 내려놓을 수가 없기 때문에 힘든 것이다. 물질적인 것 역시 마찬가지다. 우리는 필요에 의해서 물건을 소유하지만, 때로는 그 물건 때문에 적잖이 마음이 쓰이게 된다. 그러니까 어떤 것을 갖는다는 것은 다른 한편 그것에 얽매인다는 뜻이다. 많이 갖고 있다는 것은 그만큼 많이 얽혀 있다는 말이기도 하다.

버릴 수 있는 사람만이 얻을 수 있다. 버리는 일을 아쉬워하거나 아까워하지 말고 내면이 부유한 사람이 되어야 한다. 두 손 가득 동전을 쥐고 있으면 그것을 내려놓지 않는 한 보석을 쥘 수 없다. 지혜롭지 못한 사람만이 모든 것을 가지려 한다. 한 가지를 위해서는 한 가지를 잊어야만 한다. 등가교환의 법칙은 세상 어디에나 적용되는 진리다.

통 속에 벌거벗고 앉아 개처럼 살았던 디오게네스는 온 세계를 굴복시킨 대왕 알렉산더에게 이렇게 말했다.

"나는 그대보다 위대하다. 그대가 소유한 모든 것보다 더 많은 것을 나는 하찮게 여기므로. 그대가 소유하려 애쓰는 그 모든 것이 내겐 무시할 만한 가치도 없는 것이다."

필요하지 않은 모든 것을 버릴 수 있었던 디오게네스는 모든 것을 소유하고 필요로 하는 사람보다 행복했다. 필요하지 않은 것으로부터 자유로울 수 있으니 그는 최고로 많이 가진 사람이었다.

말로나 글로나 가장 슬픈 말

인간은 언젠가는 죽어야 하고 잊힐 수밖에 없는 존재다. 그것을 오롯이 인지하고 겸허히 받아들이는 순간, 삶에 대한 새로운 시각이 열린다. 그것이 우리의 숙명이라면, 우리가 해야 할 것은 오직 하나다. 살아있는 동안, 지금 바로 이 순간, 바로 여기에서, 나를 '나'로 인식하는 철학적 자아가 삶의 기쁨을 누리게 만드는 것이다.

'나는 무엇을 할 때 살아있음을 황홀하게 느끼는가? 지금 하는 이 일이 내가 진정 하고 싶은 일인가? 내 삶은 나에게 충분한 의미가 있는가?'

스스로 끊임없이 이렇게 물어야 한다. 이 질문에 대답할 수 없다면 인생의 의미도, 삶의 존엄도 없는 것이다.

관 속에 드러누워 이번 생을 돌아본다면 무엇이 가장 후회스러울까? 도전했으나 실패했던 것, 시도했으나 마음대로 되지 않았던 것, 과연 그런 것들이 후회로 남을까? 인생의 막바지에서 우리는 실패한 것이 아니라, 간절히 원했으나 한 번도 시도하지 않았던 것을 후회할 것이다. 죽기 직전에 못 먹은 밥이 생각나겠는가, 못 이룬 꿈이 생각나겠는가?

내가 제일 행복한 때, 내게 가장 소중한 시간, 내가 맨 먼저 신경 써야 할 순간, 내가 바로 무언가 해야 할 때, 그때가 바로 지금이다. '나중에 하지 뭐.' 이 말은 비겁한 변명이다. '그랬어야 했는데……' 같은 후회의 말도 별 의미가 없다. 시인 존 그린리프 휘티어는 그런 후회를 이렇게 표현했다. "말로나 글로나 가장 슬픈 말은 '그렇게 되었어야 했는데'다."

말로나 글로나 가장 슬픈 말은 '그렇게 되었어야 했는데'다. 바로 지금, 지금이 아니라면 대체 언제인가?

적당히, 그것 참 어렵다

음악에는 여운이 있어야 하고, 그림에는 여백이 있어야 한다. 너무 가득 차 있어도 부담스럽다. 꽃은 반만 필 때가 좋고 술은 취한 듯 만 듯 마실 때 거기에 참 멋이 있다. 달도 차면 기울고 꽃도 활짝 피면 지게 되어 있는 것이 자연의 법칙 아니던가!

술을 24시간 쉬지 않고 마셨다는 어떤 동생이 있다. 14시간도 아니고, 24시간을 쉬지 않고 술을 마셨다고 한다. 사람은 누구나 추구하는 인생의 지향점도, 살아가는 스타일도 다르니 뭐라 강요하고 싶지는 않다만, '지나침은 미치지 못함과 같다'는 것은 동서고금의 진리다.

과거 아테네에는 '도편추방제'라는 제도가 있었다. 아테네에서 추방하고 싶은 사람을 도자기 파편에 써서 투표하고, 민회에서 과반수 이상의 득표로 지목된 사람은 10년 동안 국외로 추방되는 시스템이다. 그러나 가끔은 대중에 의해 전혀 엉뚱한 인물이 추방되기도 하는 웃지 못할 일이 벌어지기도 했다.

도편추방 투표장에서 정치가이자 장군인 아리스티데스에게 한 사내가 말을 걸었다. 그는 시골 출신으로 상대가 아리스티데스인지 몰랐다. 그는 아리스티데스에게 도편을 내밀면서 이렇게 말했다. "미안하지만 여기에 '아리스티데스'라고 써주시지 않겠습니까? 저는 글을 쓸 줄 몰라서요."

그러자 아리스티데스는 그가 무슨 잘못을 저질렀느냐고 물었다. 그러자 사내는 고개를 저으면서 대답했다.

"잘못이라니요. 나는 그 사람을 본 적도 없는데요. 다만, 도처에서 아리스티데스는 위대한 인물이라느니, 잘났다느니 하는 말을 하도 많이 해대니까 진저리가 나서요."

아리스티데스는 그해 아테네에서 추방되었다. 그야말로 '모난 돌이 정 맞은' 케이스가 된 것이다. 역사에는 가정법이 없다지만, '만약 그가 고개 숙일 줄 아는 겸손함까지 갖추었더라면?' 하는 생각을 해본다. 플루타르코스는 《영웅전》에서 아리스티데스를 다루며 도편추방제에 대해 이렇게 표현했다.

"도편추방제는 벌이 아니다. 그건 뛰어난 사람을 굴욕스럽게 만들어 기뻐하고, 질투심을 달래며, 참정권 박탈로 악의를 분출시키는 한 방법에 불과하다."

《삼국지》에 나오는 인물들의 연결선을 조사한 흥미로운 자료를 보면, 조조는 주변 인물들과의 연결선이 626선으로 압도적 1위이며, 유비가 400여 선, 손권이 200여 선으로 점점 떨어지는 먹함수의 분포가 나타난다.

사람들은 삼국시대 최대의 간웅으로 조조를 꼽으며 중국 역사에서 그는 '치세의 능신이요, 난세의 간웅'으로 불린다. 물론 그가 오랫동안 간악한 역할을 해왔고 자주 간신의 상징으로 묘사되지만, 조조는 분명 매우 유능한 인물 중 하나임이 틀림없다. 전쟁에 나설 때 혹은 적을 상대할 때, 그는 형세가 불리하다는 판단이 서면 결코 억지로 밀어붙이거나 장악하려 들지 않았다. 바람을 보고 노를 저으라고 했듯이, 그는 적당한 때에 멈추고 적당한 정도에서 물러서는 이치를 알고 있었기 때문에 정치 군사적 우세를 지켜 마침내 위의 건국을 위한 기초를 마련할 수 있었다.

"지나치게 하면 그만두는 것만 못하고, 지나치게 날카로우면 오래 가지 못한다. 재물이 집안에 가득하면 지킬 수가 없고, 부귀하다 하여 교만하면 화를 부른다. 일을 이루었으면 물러나는 것이 천지 의 이치다."

-노자

부지런히 하는 사람을 천재라 한다

모차르트는 연습을 통해 '만들어진' 천재다. 그가 초반에 작곡한 노래들은 평범한 수준에 불과했고, 평생 작곡한 660여 곡 중에서 위대한 작품은 모두 그의 인생 말년에 집중되어 있다는 사실은 주목할 만하다. 심리학자 마이클 호위는 《천재를 말하다》에서 이렇게 말했다.

"모차르트가 어린 시절에 작곡한 협주곡, 특히 처음 일곱 편의 피아노 협주곡은 다른 작곡가들의 작품을 재배열한 것에 지나지 않는다."

바흐 역시 피나는 훈련과 연습을 통해 자신을 천재로 만들어갔던 인물이었다.

"나는 부지런히 일했다. 그 누구라도 나처럼 일한다면 나와 같은 업적을 이룰 것이다."

새끼 오리를 연못에 내려놓으면 바로 헤엄을 치기 시작한다. 오리의 뇌에는 이미 헤엄치는 모듈이 설치되어 있다. 그러나 타고나지 못했다 하더라도 반복적인 학습, 신념, 자기 성찰에 의해서 충분히 변할 수 있는 것이 바로 인간이다. 이는 역사가 증명한다. 역사란 과거와 현재의 끊임없는 대화다. "솔개도 오래면 꿩을 잡는다", "독서당 개가 맹자 왈 한다", "서당개 3년이면 풍월 한다"라는 말들은 결국 사람이 익히고 복습하면 점진적으로 나아질 수 있다는 말이다.

라이트 형제가 첫 비행에서 겨우 120피트를 날았지만, 인간이 연습하고 복습하여 익힌 결과는 인간이 날아서 못 갈 곳이 없게 하고 있으니 배우고 익힌 결과는 무한과 연결된다. 학습은 새의 날갯짓과 같이 반복하는 작업이다.

사실 '운'은 매우 과학적이다. 운은 준비된 자를 좋아한다. 운이라는 것 역시 실력의 범주에 포함되어야만 한다. 여기 끈질긴 노력으로 자아 성취와 신분 탈피까지 한 인물이 있다.

신분제도가 살아있던 조선시대, '이단전'이라는 노비가 있었다. 당시 노비는 짐승보다 못한 존재였다. 이단전은 어려서 도련님들이 글을 읽을 때 몰래 숨어 글을 외웠다. 이를 기특하게 여긴 주인은 그를 쫓아내지 않았다. 이단전은 낮에는 노비의 본분을 지키며 일을 했고, 밤이 하얗게 새도록 시를 썼다. 노비가 시를 짓겠다고 글을 배우다니, 절대 용납되지 않을 법한 일이다. 당시 사회에서 시란 신분이 높고 소위 잘난 선비들의 전유물이었다. 당시 지식인이라면 꿰고 있어야 할 '사서삼경'에서 시를 모은 《시경》이 가장 으뜸인 책으로 손꼽히던 시기였다. 그는 밤새 시 쓰기를 10년을 하루같이 지속했다. 그 결과 당시에는 엄두조차 내지 못했던 사대부들과 친구가 되었고, 모든 사대부가 그를 좋아하지는 않았지만 당시 문인 모임에서 마당발 노릇을 하며 당대 문인들의 인정을 받았다.

우리는 노비로 낙인찍힌 문서가 없는 것만으로도 이미 가능성이 주어진 것이다. 운이 좋아 성공한 사람이라면, 기회가 다가왔을 때 이를 놓치지 않을 수 있는 감과 실력이 준비되어 있었다는 것이다. 다시 말하지만, 운이라는 것은 실력의 범주에 포함된다.

일단 한번 믿어보라고요?

국수집에서 서빙 하며 사고나 치던 살찐 팬더가 있다. 팬더에게 아빠는 비밀을 말한다.

"국수집 인기 메뉴인 비법 국수는 사실 평범한 국수임. 비법 따윈 음쓰므로 음씀체!"

그들은 다만 특별하다고 믿으면 특별해지는 심리적 효과를 사용한 것이다. 팬더는 평범한 자신도 특별할 수 있다고 믿으며 용기를 내어 결국 타이렁을 물리친다. 평범하다 못해 찌질했던 팬더가 특별해진 비법은 '마인드 컨트롤'이다.

'평범'을 '특별'로 바꾸는 힘은 자신에 대한 믿음이다. 이론적으로 충분히 알고 있지만 각자의 인생에서 글로만 배운 자존감을 실천으로 대입시키기란 쉽지 않다. 자존감을 올려주는 근원은 바로 내 안에 있다.

　1900년에 출간된《오즈의 마법사》는 유네스코 세계기록문화유산에 등재된 명작이다. 이 작품에는 뇌를 갖고 싶어하는 허수아비와 심장을 갖고 싶어하는 양철 나무꾼, 그리고 용기를 갖고 싶어하는 사자가 등장한다. 사자는 괴물을 만나 쫓기다가 계곡에서 친구들을 등에 업고 건너뛰었다. 겁쟁이였던 사자한테 어디서 그런 힘이 나왔을까? 사실 사자는 처음부터 그런 힘을 갖고 있었다. 단지 두려움이라는 마음의 벽 때문에 자신의 힘을 믿지 못했을 뿐이다.

　우리는 모두《오즈의 마법사》속 사자와 같이 충분한 능력과 힘을 갖고 있는데, 그 능력을 썩히는 경우가 많다. 부끄러움은 실상 자신이 만들어놓은 마음의 벽일 뿐이지 드러내놓고 보면 별것 아니기 때문에 뚫고 지나가는 용기를 가져야 한다.

　독일의 극작가이자 계몽사상가인 고트홀트 에프라임 레싱의《현자 네이단》에는 이런 이야기가 나온다. 12세기 말의 예루살렘에 사람들로부터 '현자 네이단(유대교를 대표)'이라고 불리는 부유한 유대인 상인이 있었다. 어느 날 술탄 살라딘(이슬

람교를 대표)의 부름을 받고 찾아간 그는 유대교와 이슬람교, 그리스도교 가운데 어느 것이 진정한 종교인지 가르쳐달라는 부탁을 받는다. 네이단은 어찌할 바를 모르다가 순간적으로 세 개의 반지 이야기(보카치오의 《데카메론》에 나오는 '세 개의 반지' 이야기)를 떠올리고 그 이야기를 통해 위기를 모면한다.

그 이야기란, 가보로 내려오던 반지를 세 아들 가운데 누구에게 물려주어야 할지 고민하던 상인이 진짜와 똑같이 생긴 두 개의 가짜 반지를 만들어 세 아들에게 나누어주고 당면한 문제를 해결하는 데에서 시작한다. 그런데 아버지가 죽은 뒤 형제들 사이에 누가 진짜 반지의 소유주인가를 놓고 싸움이 일어난다.

세 사람의 이야기를 들은 재판관은 "각자 자기 반지가 진짜라고 믿으면 된다. 그리고 진짜 반지가 지니고 있다는 힘, 곧 신과 인간에게 사랑을 받게 된다는 힘이 자신에게 나타나도록 각자 노력하도록 하라"라고 판결을 내렸다는 것이다. 술탄은 네이단의 이 이야기에 진심으로 감탄하고 네이단을 협박해 돈을 빼앗으려 했던 자신의 마음을 부끄럽게 여긴다.

어느 마을에 쥐가 살고 있었다. 그 쥐는 고양이가 무서워 꼼짝도 못 하고 하루하루를 살아야 했다. 그 모습을 보고 있던 신이 쥐의 신세가 너무 불쌍해 쥐를 고양이로 만들어주었다. 고양이로 변한 쥐는 너무 기뻤다. 그런데 이제는 개가 무서워서 살 수가 없었다. 다시 신은 그 쥐를 호랑이로 바꾸어주었다. 그런데 이제는 사냥꾼이 무서워 살 수가 없었다. 그러자 신이 탄식하며 이렇게 말했다.

"너는 다시 쥐가 되어라. 무엇으로 만들어도 쥐의 마음을 가지고 있으니 어쩔 수 없구나."

모든 것은 우리 마음속에 있다. 호랑이를 목표로 그리려고 하다가 보면 최소한 고양이는 그려진다. 그러나 고양이를 목표로 그리려고 하면 쥐밖에 그릴 수 없다.

단점은 버리고 장점만 취한다

마틴 셀리그만은 인간의 행복을 위한 새로운 심리학을 만들었다. 바로 긍정심리학Positive Psychology이다. 그는 왜 심리학이 '기쁨과 용기'와 같은 주제를 다루면 안 되는지 질문을 던지며 사람들에게 관점의 전환을 강조했다.

기존의 심리학은 인간의 약점을 고치기 위해 노력했지만 이제는 패러다임이 바뀌었다. 긍정심리학으로 장점을 끌어올리면, 약점은 저절로 끌어올려진다는 것이다. 실제로 사람이 자기 약점을 고치는 것은 상당히 어렵지만 장점을 더 부각시키기는 상대적으로 쉽다.

네 살 때 테니스를 시작한 나달은 다른 사람들을 신경 쓰지 않고 자신이 잘하는 포핸드에만 집중했다. 상대편 선수들은 호시탐탐 나달의 백핸드를 공략하기 위해 기회를 엿보았지만 쉽지 않았다. 나달의 포핸드가 워낙 정교하고 강해서 그 공을 받아내는 데 급급했기 때문에 나달의 백핸드 쪽으로 공을 보낼 수가 없었다. 결국 나달은 자기 강점을 더욱 발전시켜 세계 랭킹 1위에 올랐고, 역사상 가장 독특한 테니스를 치는 선수가 되었다.

박지성은 호날두 같은 화려한 헛다리 기술에 집착하지 않았고, 류현진은 시속 160킬로미터의 빠른 볼에 집착하지 않았고, 김연아는 트리플 악셀에 집착하지 않았고, 이대호는 도루에 집착하지 않았고, 백남준은 기존 아트의 개념에 집착하지 않았다. 백남준은 철학에 몰입했고, 이소룡과 장한나는 심지어 대학에서 철학을 전공했다. 자기만의 장점이란 곧 자기만의 철학이 아닐까?

"세상에 완전한 사람은 없습니다. 그리고 전능한 사람도 없습니다. 그 사람의 결점만 지적하고 허물만 적발한다면, 아무리 유능한 사람이라도 벗어날 수가 없게 됩니다. 따라서 단점을 버리고 장점을 취하는 것이 인재를 구하는 가장 기본적인 원칙인데, 이렇게 하면 탐욕스러운 사람이든 청렴한 사람이든 모두 부릴 수가 있습니다."

-'인재를 구해 쓰는 법'이라는 제목으로
세종대왕이 직접 출제한 과거시험에서 장원으로 뽑힌 강희맹의 답안.

지나치지 않고 부족하지도 않게

'화和'란 무엇인가? 어느 것에도 치우치지 않고 극단에 이르기를 경계하는 마음, 즉 양(—)과 음(--)을 통한 조화로움이 곧 화和다.

사주역학은 사람을 자연의 일부로 보고 태어난 연, 월, 일, 시의 사주四柱(네 개의 기둥)로 된 팔자八字(여덟 글자)를 자연의 법칙에 기준해 운명을 알아보는 것이다. 그럼 같은 사주를 가진 사람들의 운명은 100퍼센트 똑같이 정해지느냐? 그렇지 않다. 운명은 인생의 50퍼센트에 대한 결정적 요소이기는 하지만, 나머지 50퍼센트는 우리 자신이 지배할 수 있다. 화和 하지 못하면 반드시 운명은 달라진다.

타고난 성격이나 지적 능력, 관운과 재운이 같아도 태어난 지역과 부모 형제의 영향, 학교와 직장, 친구, 선배, 지인, 배우자 등의 환경이 각기 다르다면 어떻게 미래가 똑같을 수 있겠는가? 세상 모든 것의 기본 법칙은 '변화'이므로 평생 길하거나 평생 흉한 사람은 없다.

날 때부터 타고난 피할 수 없는 숙명宿命은 자신의 의지와 무관한 하늘의 뜻이지만, 운명은 의지로 노력해 변화시킬 수 있는 여지가 있다. 운명을 바꾸는 확실한 방법 중 하나는 화和하는 것, 즉 절제하고 겸손하며 주위 사람들에게 좋은 일을 하는 것이다. 그것 말고도 운을 여는 방법엔 여러 가지가 있는데, 첫째는 교육이다. 교육은 환경도 중요하지만 본인의 의지에 따라 어느 정도는 달라진다. 둘째, 직업이다. 직업을 잘 선택해 출세가도를 달리는 사람이 있는 반면, 손대지 말아야 할 일에 손을 대 도산하고 빚더미에 올라앉는 경우도 있다. 셋째, 결혼이다. 어떤 배우자를 선택할 것이며, 부부가 서로 화和하여 평생 해로할 것인가도 역시 우리의 선택에 달려 있다.

이러한 사항들은 자신의 의지가 개입되는 운명이다. 이미 타고난 사주는 바꿀 수 없지만, 나쁜 운도 좋게 만드는 화和의 비밀을 안다면 인생은 얼마든지 달라질 수 있다.

화和, 즉 치우치지 않으면 균형을 이룰 수 있다. 행복은 지나치지 않으며 부족됨도 없는 중용中庸에서 온다. 사람은 불완전한 존재다. 음양이나 오행이 완벽한 균형을 이룬 사람은 아무도 없다. 주변을 둘러보라. 돈, 명예, 권력, 건강을 모두 온전히 다 가진 사람이 있는가? 돈이 너무 많으면 가족 간에 다툼이 생긴다든지 구속된다든지, 일찍 죽는 경우도 있다. 권력이 많으면 주변에 적이 많아지게 마련이다. 적정 수준을 모르는 욕심과 치우침은 반드시 화를 불러온다. 화和를 못 하면 화禍를 부른다.

사람은 공동체 속에서 서로 어울려 살아간다. 그리고 사람은 누구나 불완전하다. 이 사실을 기본값으로 받아들여야만 긍정적인 삶을 살 수 있다. 타인을 100점짜리 인간으로 보지 말자. 그래야 실망도 없고, 원망도 없다. 상대에게 왜 100점이 아니냐고 불평하거나 비난하지 말고 50점을 기준으로 잡고, 그보다 조금 잘하면 60

점이 되었다고 칭찬해주자. 그러려면 내 그릇의 크기, 즉 자기 점수를 인지하는 것이 중요하다. 나도 50점짜리 인간임을 인정하는 겸허한 마음이 바로 화和의 기본 전제다.

인생은 돌고 돈다네, 진짜로

　　친구여, 자네의 관심은 고맙네만 나는 자네가 원하는 TV 속 스타가 되고 싶지는 않네. 내가 음악을 평생의 업으로 택한 이유는 슈퍼스타가 되거나, 유명 연예인이 되기 위한 것이 아니라, 언젠가 죽음을 맞이했을 때 '내가 헛된 삶을 살았구나' 하고 후회하는 일이 없도록 하기 위해서라네.

　나는 음악이란 거시적인 '업vocation'의 테두리 속에서 DJ, 강사, 방송인, 작곡가 등 다양한 '직occupation'을 수행하는 과정 그 자체로 행복을 충만하게 느낀다네. 음악을 들을 때, 틀 때, 만들 때, 나는 행복하다네. 하여 나는 매 순간이 그저 행복하다네.

친구여, 나는 세속적인 성공에 회의를 느끼며 인간 본연의 자유를 만끽할 수 있는 삶을 염원한다네. 삶의 가치를 일깨워 주어야 할 노동은 한낱 돈을 버는 수단으로 평가절하됐고, 많은 사람들은 그 일을 왜 하는지에 대한 가치의 성찰 없이 그저 돈의 노예로 전락해버렸다네.

나는 나 스스로를 '한량閑良'으로 부르길 좋아한다네. 나는 음악이 있고, 친구가 있고, 맥주가 있는 곳에서라면 그 어느 때보다도 내가 살아있음을 강렬히 느낀다네. 또한 내가 이 재주로 인해 경제적인 문제마저 해결하며 살 수 있게 되었으니 이 얼마나 더할 나위 없이 즐거운 삶인가 말일세. 나는 경쟁에 마음을 졸이지 않고 내 리듬대로 삶을 오롯이 즐기며 살아가려 하네. 하여 나는 대부분의 시간을 독서, 음악, 산책과 명상으로 보낸다네.

친구여, 소유물을 많이 갖고 싶은 욕망은 결국 필연적으로 과도한 노동을 불러온다네. 워라밸Walk-Life Balance이 무너진 삶을 나는 결사반대하네. 자유는 경제적으로 아주 많이 풍족하지 않아도 마음먹기에 따라 얼마든지 배부르게 향유할 수 있다네. 집에 호화로운 것들을 잔뜩 들여놓고 최고급 슈퍼카를 구입하고자 더 많은 돈을 마련하는 일에 매달리는 것은 적어도 내게는 자유를 속박하는 행위일 뿐이라네.

하지만 친구여, 나는 내 생활방식을 남에게 결코 강요하지 않는다네. 모든 인간은 다른 성향을 지니고 있고 그에 따라 생활방식도, 가치관도 천차만별이기 때문이라네. 남의 생활방식을 답습하기보다는 그저 나 자신의 고유한 생활방식을 찾아 주체적으로 살아갈 뿐이라네.

나는《주역》을 통해 '무평불파 무왕불복无平不陂 无往不復', 즉 '세상에 평평하기만 한 길은 없으며, 돌아오지 않는 떠남은 없다. 인생이란 모두 그렇게 돌고 도는 것이다'는 것을 깨닫고 나서부터는 남과 나를 비교하는 짓을 그만두고 걱정과 근심 대신 내 인생에 대한 믿음을 갖고 산다네. 인생의 무상함을 알고 지나친 욕심을 버리고 나니 걱정과 불안은 저절로 없어지게 되었네.

《주역》의 천산돈天山豚 괘는 하늘(☰) 아래 산(☶)이 있는 상으로, 소인이 득세할 때 군자는 자신의 도를 감추고 은둔하여 하늘이 부여한 명命을 굳건히 지킬 뿐이네.

친구여, 나는 내게 하늘이 부여한 명命이자 변치 않는 즐거움인 음악을 통한 학문 연구와 후진 교육에 전념함으로써 이미 충분히 행복하다네. 만약 나처럼 누군가가 남들과 보조를 맞추지 않는다면, 그것은 아마 그가 그들과는 다른 고수의 북소리를 듣고 있기 때문일 것일세. 그런 사람은 자신이 듣는 소리에 맞추어 걸어가는 게 행복이 아닐까 싶네. 그 북소리의 음률이 어떻든, 또 그 소리가 얼마나 먼 곳에서 들리든 말일세.

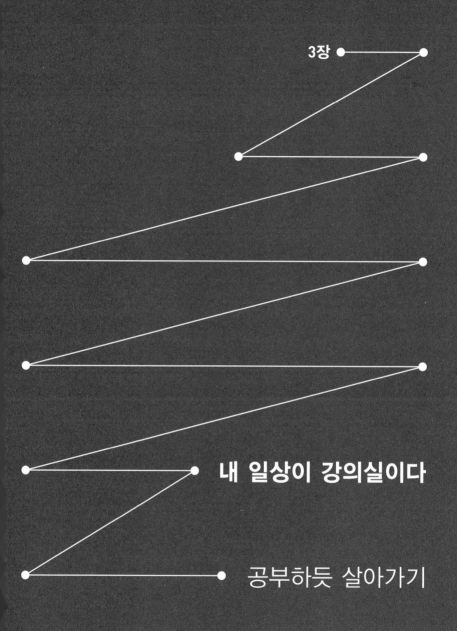

3장

내 일상이 강의실이다

공부하듯 살아가기

쿵푸 말고 공부 하자

　　"교수님, FL이나 에이블튼이 좋아요, 아님 큐베이스나 로직이 좋아요? 트랙터가 좋을까요, 세라토가 좋을까요? CDJ가 좋아요, 컨트롤러가 좋아요?"

　이는 내가 학생들로부터 늘 접하는 질문들인데, 하나같이 본질을 놓치고 있다. 황금으로 도색한 화려한 축구공을 샀다고 해도 헛발질할 거면 무슨 소용이며, 두랄루민과 티타늄 합금으로 된 배트를 들고 나왔다 해도 땅볼도 못 치고 루킹 삼진으로 물러날 거면 무슨 소용이랴. 다이아몬드가 알알이 박힌 축구화를 신었다 해도 기본이 없으면 그저 그런 '개발'이라 불리는 것이 세상의 이치다.

부디 비싼 장비, 좋은 프로그램 타령들 하지 말라. 중요한 것은 그것이 아니다. '장비 허세남'이 되고 싶지 않거든 쿵빡쿵빡 기본부터 쌓아라. 본질을 꿰뚫고 있는 자라면, 로직 프로 X 대신 케이크워크 바둑판 버전을 갖다줘도, 최신형 컨트롤러 대신 붐박스를 갖다줘도 얼마든지 환영할 것이다. 음악을 듣는 이에게 그 곡이 어떤 프로그램으로 만들어진 것인지, 어떤 CDJ로 플레이하고 있는 것인지는 전혀 중요치 않다. 감성으로 다가갈 수 없다면, 마음을 움직일 수 없다면 제아무리 화려한 모양새라도 접근 불가다.

'공부ㅗㅊ'를 중국에서는 '쿵푸'라고 읽는다. 우리에게는 그냥 단순히 중국 무술로 알려져 있지만 '쿵푸'는 '실력을 쌓아 자신을 키워나간다'는 의미다. 무술 '쿵푸'는 거기서 갈라져 나온 말이다. 공부를 뜻하는 말은 우리나라와 중국, 일본이 다 다른데, 일본에서는 공부를 '면강勉强'이라고 쓴다. 면강은 뭔가 억지로 시키거나 한다는 의미다. 중국에서는 공부를 '염서念書'라고 쓴다. 염서는 책을 생각한다는 의미다.

공부의 말 뿌리를 살펴보면 우리나라 옛 어른들의 공부론을 엿볼 수 있다. 그분들은 공부가 '면강'도 아니고 '염서'도 아닌

'공부'여야 한다고 생각했던 거다. 우리나라의 '공부'는 억지로 시키거나 하는 것이 아니고, 멍하니 앉아 책의 내용을 생각하는 것도 아니다. 우리의 공부는 실력을 쌓아 자신을 키워나가는 거다. 하나하나 단계를 밟아나가는 것 말이다.

바흐, 모차르트, 베토벤의 작품들도 약 35퍼센트만이 연주되고 있다. 피카소의 작품도 일부만이 우리에게 알려져 있을 뿐이고, 아인슈타인의 논문들 대부분은 아무도 인용하지 않는다. 이처럼 세계적인 거장들에게도 형편없는 작품들은 수없이 많다. 성공하기 때문에 아이디어를 만드는 게 아니라 오히려 아이디어를 많이 만들어내기 때문에 성공한다. 아이디어의 양이 많아지면 그에 따라 아이디어의 질도 높아지는 것이다. 그래서 습작이 중요하다. 조급한 마음은 버리고 묵묵히, 수없이 많은 시행착오와 과정을 겪어야 한다. 그것이 공부다.

우리는 혹시 기본 자세를 생략하고 기왓장 깨기를 먼저 가르치거나 배우려고 하는 건 아닐까.

미친 놈, 미친 사람, 미친 분

지금이야 한두 살만 많아도 선배 대접을 깍듯이 하지만, 예전에는 아래위 열 살 이내로는 으레 벗으로 삼았다. 정말 마음이 통하는 사람들 사이에 나이는 사실 큰 의미가 없다. 눈빛만 봐도 상대방의 마음을 읽을 수 있는 사이라면 나이를 뛰어넘어 벗이라 할 수 있다. 이렇게 나이를 따지지 않고 사귀는 벗을 '망년지교忘年之交'라고 한다. 나이를 불문하고 내가 좋아하고 존경하는 부류는 딱 세 가지다. 미친 놈, 미친 사람, 미친 분.

조선시대 명필 중에 최흥효崔興孝란 사람이 있다. 그가 어느 날 과거 시험장에서 답안을 쓰는데 우연히 한 글자가 왕희지의 글씨체와 똑같아졌다. 평소에는 아무리 연습해도 쓰지 못했던 글자체였다. 그는 답안을 쓰다 말고 그 글자가 너무 아까워 답안지를 제출하지 않고 그냥 품에 넣어왔다. 최흥효에게는 글씨가 곧 삶이었다. 그는 그것을 떠나서는 살 수 없는 미친 사람이었다.

이징李澄은 조선의 화가였다. 이징의 아버지는 아들이 화가의 길을 걷는 것이 못마땅해 그림을 그리지 못하게 했다. 그는 어느 날 다락에 올라가 홀로 그림을 그리다가 사흘 만에 내려왔다. 아버지는 화가 나서 그를 회초리로 때렸다. 그런데 아이는 매를 맞으면서도 눈물을 찍어 저도 모르게 새를 그렸다. 그것을 본 아버지는 한숨을 쉬며 아이에게 그림 공부를 허락했다. 이징에게는 그림이 곧 삶이었다. 그는 그림에서 에너지를 얻었고, 그림을 떠나서는 살 수 없는 미친 사람이었다.

조선 후기 실학자 이덕무李德懋는 서얼이었다. 그는 그저 책만 읽었다. 과거를 보기 위한 책읽기도 아니고, 무엇이 되기 위한 책읽기도 아니었다. 그저 무작정 읽어댔다. 사람들이 그를 가리켜 간서치, 즉 '책만 읽는 얼간이'라고 불러도 그는 기뻐

했다. 그는 눈병을 났을 때도 실눈을 뜨고 책을 보았고, 냉방에서 책을 읽다 열 손가락이 다 동상에 걸리기도 했지만 미친 사람처럼 책만 보았다. 정조는 이덕무를 아껴 규장각의 검서관으로 등용했고, 그가 관직에 있는 15년 동안 수백 차례에 걸쳐 하사품을 내렸다. 이덕무에 비하면 내가 하는 독서 따위는 독서도 아닌 것이다. 부끄럽다.

자기를 경영한다는 것의 근본은 자신의 힘의 원천을 잘 안다는 것이다. 자기 내면의 혈류를 타고 끊임없이 흐르는 힘의 원천은 어디에서 오는지 알아야 한다. 미친 듯이 나를 쏟아붓는 사람, 무엇인가에 미친 듯이 빠져드는 사람……. 나는 그런 사람으로 살아왔고, 그렇게 살아가며, 앞으로도 그렇게 살아가려 한다.

지식과 지혜는 클라스가 다르다

권불십년權不十年에 화무십일홍花無十一紅이라, 이 세상에 영원한 것은 어떤 것도 없다. 꽃이 보여주는 건 아름다움 자체가 아니라 "아름다움은 이토록 허망하게 사라지고 만다"라는 사실이다. 그러니 더 말할 것 없다. 이 순간을 지금 만끽해야 한다. 우주라는 이 광대한 흐름 속에 우리는 아주 잠깐 머물다 가는 존재다.

이렇게 좋은 날에 살아있다는 사실만으로도 나는 충분히 행복하다. 행복의 50퍼센트는 유전적 설정값에 의해 결정된다고 한다. 이 말은 행복감을 느끼는 능력의 50퍼센트는 운 좋게 타고난다는 것이다. 뭔가 억울하지만 나머지는 자기 자신에게 달려 있다고 하니 아직 포기는 이르다. 그렇기 때문에 행복에는 반드시 연습이 필요하다는 게 학자들의 주장이다. 매디슨 대학의 연구에 따르면, 사람은 스스로 동정심을 키울 수 있다. 배려 깊은 행동을 하면 할수록 두뇌의 활동이 활성화된다는 것이다. 이 말은 감정도 훈련할 수 있으며, 학습할 수 있다는 얘기다. 하여 의식적으로 노력하고 진심을 갖고 행동할 때, 행복을 경험할 수 있다.

우여곡절과 천신만고의 파도타기를 해 본 사람은 오히려 아무런 극한상황을 경험하지 못한 사람보다 행복의 가치를 더 잘 안다. 그들은 감정을 잘 다룰 수 있는 능력을 배웠기 때문이다. 살면서 좋은 일, 나쁜 일을 두루두루 겪고 나면, 좋은 소식을 들어도 지나치게 요란 떨지 않고, 불행한 일이 일어나도 모든 것이 지나가리라는 말을 되새기며 기다릴 줄 안다.

나는 이제 과거에 연연하지 않고 미래를 걱정하지 않은 채 지금 이 순간을 오롯이 살아갈 수 있게 되었다. 과거와 미래에서 자유로워지면, 자신에게 주어진 이 순간에 가장 중요한 게 무엇인지 정확히 알게 된다.

오디세우스만큼 우여곡절과 천신만고의 키워드가 어울리는 사람이 있을까? 오디세우스의 모험은 도합 20년이 걸렸다. 트로이와의 전쟁을 다룬 《일리아드》를 통해 10년, 온갖 모험을 하며 이타카로 돌아오는 과정인 《오디세이아》를 통해 10년.

내가 청운의 꿈을 안고 경희대 락 동아리 '탈무드'의 문을 두드렸던 때가 1994년, 길고 긴 세월과 파도를 넘어 나는 이제 고요하고 잔잔한 바다 위에 평화롭게 떠 있다. 《주역》의 괘상으로 표현하면 곤坤(☷)이 건乾(☰)을 만나 지천태地天泰의 상태를 이루어 태평하고 편안하다. 나는 이제야 지식이 아닌 지혜의 출발점에 겨우 섰다.

삶은 편도다. 한번 가면 끝이다. 이런 날, 살아있다는 사실만으로도 행복하지 않은가? 끝없는 사막 속에서도 오아시스를 상상하며 눈앞의 모래바람을 '그저 지나가는 것'이라 생각하는 사람, 최악의 순간에도 길가에 핀 꽃이 아름답다고 말할 줄 아는 사람, 그런 사람이 바로 행복의 가치를 아는 사람이다.

'제법무아 제행무상諸法無我 諸行無常'이라, 모든 것에 내가 없고, 모든 움직임이 같지 않다. 양이 차면 음이 올라오게 되어 있다. 이 이치를 알면 더 이상 요란 떨지 않게 되고, 행복을 알게 되고, 슬기로워진다. 지식知識의 '지'는 '알 지知' 자이지만, 지혜智慧의 '지'는 '슬기 지智' 자다. 지식과 지혜는 클라스가 다르다.

인생도처유상수

제나라의 재상 안자는 탁월한 능력에도 불구하고 몸에 밴 검약과 성실함으로 유명했다. 그는 자신에게 쓰는 것은 철저하게 아꼈지만, 그의 덕으로 생활을 하는 자들이 70명이 넘을 정도로 사람들에게는 넉넉하게 베풀었다.

안자가 외출할 때 그의 수레를 모는 마부의 아내가 문틈으로 보니, 안자는 겸손이 몸에 익은 반면 자신의 남편은 오히려 거만한 모습으로 말을 몰았다. 외출을 다녀온 후 마부의 아내는 남편에게 말했다.

"안자는 제나라의 재상이라는 지위에 계시며 다른 나라의 제후들에게도 이름을 떨치고 있습니다. 그런데도 그분은 자신을 낮추고 스스로 겸손하게 처신합니다. 그러나 당신은 남의 마부가 되어 거만을 떨고 있으니 저는 당신의 아내라는 것이 부끄럽습니다."

마부는 이 말을 듣고 자신을 낮추고 겸손하게 처신하게 되었다. 《십팔사략》에 나오는 얘기다.

대가大家는 어떤 전문 분야에서 뛰어난 권위를 인정받는 사람이다. 고수高手는 기술이나 능력이 매우 뛰어난 사람을 이른다. 달인達人이란 학문이나 기예 또는 사물의 이치에 통달한 사람이다.

'인생도처유상수人生到處有上手'라, 세상에는 수많은 대가, 고수, 달인들이 있다. 이 말은 원래 송나라 시인 소동파가 '인생도처유청산人生到處有靑山'이라 하여 "뜻만 있으면 어디든 사람 살 곳이 있다"라고 한 것을 인용한 말인데, "세상 곳곳에는 나보다 나은 이들이 있으니 항상 삼가고 조심해서 겸손하고 경거망동하지 말라"라는 뜻이다.

자신의 알량한 실력과 깜냥만 믿고 잘난 척 날뛰다간 대가와 고수와 달인의 웃음거리만 될 뿐이다. 항상 겸손한 마음과 자세로 세상과 사람들을 바라보고 살아야 한다.

우물 안 개구리는 바다를 알 수 없다. 그것은 그가 우물에 갇혀 있기 때문이다. 여름을 사는 벌레에게 얼음에 대해 말을 할 수 없는 이유는 그가 자신이 사는 계절인 여름만 계절인 줄로 굳게 믿기 때문이다. 물가를 벗어나 큰 바다를 보고 난 다음에야 우리는 부끄러움을 알게 될 것이다. 모든 시냇물과 강물은 바다로 흘러가지만 바다는 스스로 우쭐대지 않는다.

자기만 잘하고, 자기가 가진 것만 크다는 주장은 편견이다. 크고 작고, 많고 적음의 차이는 상대적 시각과 관점에서 비롯된다. 지금 내 손에 주어진 이 물건은, 저것과 비교하면 클 수도 있고, 이것과 비교하면 작을 수도 있지만, 사실은 크지도 작지도 않고, 그냥 그 자체로 존재 의미가 있는 것이다.

커다란 지혜를 가진 사람들은 상대적 관념이나 시각을 넘어 세상 만물을 차별하지 않고 살핀다. 그런 사람은 자신 밖의 일과 물건에 따라 마음을 움직이지 않는다. 귀하고 천한 것, 크고 작은 것에 차별을 두지 않고 절대 평등의 입장에서 바라보고 살아간다.

제환공, 관중, 포숙, 영척이 함께 술을 마시고 있었다. 환공이 포숙에게 "술잔을 들고 축원해보십시오" 하자 포숙이 말했다.

"왕은 거나라에서 망명 생활을 하던 일을 잊지 않게 하시고, 관중은 노나라에서 묶였던 일을 잊지 않게 하시며, 영척에게는 소를 먹이며 비천하게 살던 것을 잊지 않게 하소서."

자리는 숙연해졌고, 환공은 두 번 절하며 말했다.

"과인과 대부들이 선생의 말을 잊지 않고 새긴다면 제나라의 사직은 무궁할 것입니다."

때를 기다리는 법

━━━

　　　　　문왕의 신임을 얻어 세상에 나올 때까지 강태공
은 빈 낚싯대를 하수에 드리우고 세월을 낚았다. 그의 경륜과
지혜가 아무리 뛰어났다고 해도, 만약 그가 기다림의 미덕을
모르고 조급하게 세상에 뛰어들었다면 주나라는커녕 한 고을
도 얻지 못했을 것이다.

《역》에 이르되, "공이 높은 담 위의 새매를 쏘아 잡으니 이롭
지 않음이 없다" 하니, 공자께서 말씀하셨다.

"새매라는 것은 새이고, 활과 화살은 그릇이요, 쏘는 것은
사람이니 군자가 그릇을 몸에 간직하고 때를 기다려 동하면
어찌 이롭지 않음이 있으리오."

여기에는 공☆, 새매♯, 활과 화살♯이라는 세 가지 상징이 등장한다. 새매의 의미는 인생에서의 '기회'다. 기회가 언제 도래할지는 아무도 모른다. 그때를 인내하며 기다릴 수밖에 없다. 단, 기다림의 시기에 인간이 해야 할 것은 허송세월이 아니라 열심히 실력을 배양하는 것이다. 활과 화살은 새매를 잡기 위한 수단이자 방편이요, 공은 그 수단을 사용하는 주체다. 성공을 위한 수단과 방법을 강구하고, 그 수단을 적절히 활용할 수 있는 역량을 연마하여 몸에 익히면 기회는 담장 위에 새가 앉듯 반드시 찾아온다.

《그리스인 조르바》에서 개인적으로 가장 가슴 아픈 대목으로 꼽는 부분은 다음이다.

"나는 어느 날 아침에 본, 나무등걸에 붙어 있던 나비의 번데기를 떠올렸다. 나비는 번데기에다 구멍을 뚫고 나올 채비를 하고 있었다. 나는 잠시 기다렸지만 오래 걸릴 것 같아 견딜 수 없었다. 나는 몸을 굽혀 입김으로 데워주었다. 열심히 데워준 덕분에 기적은 일어나야 할 속도보다 빠른 속도로 내 눈앞에서 일어나기 시작했다. 집이 열리면서 나비가 천천히 기어나오기 시작했다. 이어진 순간의 공포는 영원히 잊을 수 없을 것이다. 나비의 날개가 도로 접히더니 쪼그라들고 말았다. 가엾은 나비는 그 날개를 펴려고 안간힘을 썼다. 나는 내 입김으로 나비를 도우려고 했으나 허사였다. 번데기에서 나오는 과정은 참을성 있게 이루어져야 했고, 날개를 펴는 과정은 햇빛을 받으며 서서히 진행되어야 했다. 그러나 때늦은 다음이었다. 내 입김은 때가 되기도 전에 나비를 날개가 온통 구겨진 채 집을 나서게 강요한 것이었다. 나비는 필사적으로 몸을 떨었으나 몇 초 뒤 내 손바닥 위에서 죽고 말했다.

나는 나비의 가녀린 시체만큼 내 양심을 무겁게 짓누른 것은 없었다고 생각한다. 오늘날에야 나는 자연의 법칙을 거스르는 행위가 얼마나 무서운 죄악인가를 깨닫는다. 서둘지 말고, 안달을 부리지도 말고, 이 영원한 리듬에 충실하게 따라야 한다는 것을 안다."

사람들은 때를 기다리지 못하고 안달하며 되지 않을 일에 힘을 쏟다가 실망하는 경우가 많다. 억지로라도 빠른 시일 내에 뭔가를 이루고 싶어하는 욕망과 욕심이 부작용과 부자연스러움을 낳고 결국 우리는 슬픔과 후회 속으로 끌려들어가게 된다.

인생의 관건은 '왜 나는 이 모양인가?'라며 신세 한탄하고 앉아 있는 것이 아니라 어느 순간 불현듯 눈앞에 다가오는 기회를 능히 움켜잡을 수 있는 재목으로 자신을 연마하는 것이다.

두꺼운가 단단한가

나는 가끔 경남 하동의 할머니 댁 대나무밭이 그리워질 때가 있다. 그 푸르름과 특유의 은은한 향기와 오묘한 분위기가 그립다. 소동파는 "고기 없는 식사는 할 수 있지만 대나무 없는 생활은 할 수 없고, 고기를 안 먹으면 몸이 수척해지지만 대나무가 없으면 사람이 저속해진다"라고 했다. 매화, 난초, 국화와 함께 사군자로 불렸고, 특히 사시사철 푸르고 곧게 자라는 성질 때문에 대나무는 지조와 절개의 상징이다. 일연의 《삼국유사》에 나오는 상상 속의 만능피리 '만파식적'도 대나무로 만든 것이다.

과거 사마염이 위나라를 물리치고 진나라를 세우면서 전횡을 일삼았던 시절에 세상을 등지고 숲으로 들어가 노장의 무위자연 사상에 심취한 지식인들이 있었는데, 그렇게 모인 7명의 선비를 '죽림칠현'이라 불렀다. 이들이 모인 곳도 대나무숲이었다. 죽림은 '대쪽 같은 선비'를 상징하기에 가장 적절한 곳이다.

나의 책 읽기 롤모델은 (감히!) 세종대왕과 공자다. 세종대왕은 같은 책을 수백 번이나 읽었다. 책을 수백 번 반복해 읽을 수 있는 사람은 드물다. 공자 또한 반복적인 책 읽기의 달인이다. 공자는 《주역》을 즐겨 읽어 가죽끈이 세 번이나 끊어졌다는 '위편삼절'의 고사를 남기기도 했다. 옛날 책은 대나무를 쪼개 글을 쓰고 가죽으로 엮은 죽간이었다. 얼마나 많이 읽었으면 가죽끈이 닳아서 끊어졌을까? 그것도 세 번이나 말이다. 공자가 그리도 반복적으로 읽었다는 《주역》의 교훈을 보자.

"하늘 끝까지 올라간 용은 교만과 욕심이 끝이 없고 상대방을 존중할 줄 몰라 반드시 후회하게 되어 있듯이, 부와 권력이 정점에 달하면 무너질 위험이 있으니 늘 조심하라."

이것이 바로 '항룡유회'다. 정점에 도달하면 내려올 일밖에 남지 않고, 반대로 추락하면 올라갈 일만 남게 된다. 빨리 가는 것이 아니라, 멀리 가는 것이 중요하다.

'소년등과에 패가망신', '진예자 기퇴속', 즉, 나아가는 것이 빠른 자는 그 물러남도 빠르다. 최고의 가치는 오로지 꾸준함에 있다. 이는 모죽^{毛竹}이란 대나무가 성장하는 것과 비슷하다.

모죽은 심은 지 4년 동안은 큰 변화가 없다가 4년이 지나면 하루 70센티미터씩 쉬지 않고 성장해서 나중에는 27미터까지 자란다. 4년 내내 조용히 뿌리를 뻗어 기초를 다지는 것이다. 당장 결과를 바라기보다는 모죽처럼 멀리 볼 필요가 있다.

임계점을 넘는 순간을 기다려야 한다. 이것은 대나무를 쪼개는 '파죽지세'로도 설명이 가능하다. 대나무는 처음 두세 마디만 쪼개면 그 다음부터는 칼날이 닿기만 해도 저절로 쪼개지는 법이다.

《손자병법》에서는 이러한 기세를 높은 산 위에서 굴러떨어지는 바윗덩이에 비유한다. 바윗덩이가 평지에 있으면 아무 위력도 발휘할 수 없다. 그러나 바윗덩이가 높은 산 위에 있고, 그것이 산 위에서 굴러떨어질 때는 아무도 막을 수 없는 위력을 발휘하게 된다.

나는 두꺼워지는 데는 별 관심이 없다. 다만 더 단단해지기를 원한다. 대나무의 삶은 두꺼워지는 삶이 아니라 단단해지는 삶이다. 더 이상 자라지 않고 두꺼워지지도 않고, 다만 단단해진다. 대나무는 나이테가 없다. 나이테가 있어야 할 자리가 비어 있다. 대나무는 그 인고의 세월을 기록하지 않고, 아무 흔적을 남기지 않는다. 대나무가 가늘면서도 바람에 꺾이지 않는 것은 속이 비었고 마디가 있기 때문이다. 욕심을 비우고 고난의 마디가 있어야 모진 세파에도 삶이 꺾이지 않고 대나무처럼 쑥쑥 자랄 것이다.

도끼를 갈아 바늘을 만든다

《맹자》〈공손추장구 상〉편에 '알묘조장揠苗助長' 고사가 나온다.

"송나라 사람 중에 벼 싹이 빨리 자라지 않음을 안타깝게 여겨 그것을 뽑아 올려놓은 자가 있었다. 그는 집으로 돌아와 집안 사람들에게 자랑스럽게 말했다. '오늘 나는 매우 피곤하다. 내가 벼 싹이 빨리 자라도록 도왔다.' 이 말을 듣자마자 그의 아들이 밭으로 달려갔으나 벼 싹은 이미 말라죽어 버렸다."

공자는 생전에 부자도 되지 못했고, 그렇다고 높은 벼슬을 하지도 못했다. 그는 14년 동안 여러 나라를 돌아다니며 유세를 했지만, 어디에서도 등용되지 못했다. 심지어 진나라와 채나라 사이를 떠돌아다니던 공자를 보고 '상갓집 개'라고 모욕하는 사람도 있었다. 그러나 그는 조금도 위축되거나 움츠러들지 않았다. 학문과 교육에 대한 열정은 비난과 가난과 궁핍을 모두 뛰어넘고 극복해 내고도 남을 만한 것이었다. 그러한 그의 열정 덕분에 결국에는 수천 년 동안 전 세계인이 그를 존경하게 되었다.

우리 주변에도 '알묘조장' 식으로 살아가는 사람들이 적지 않다. 차근차근 단계를 밟아 노력하지 않고, 수단과 방법을 가리지 않으며 더 빨리, 더 많이 움켜쥐려는 노력 역시 알묘조장과 같은 맥락이다. 일상생활에서 스트레스를 없애는 방법은 욕심을 줄이고 휴식과 여가를 즐기며 기쁜 마음으로 살아가는 것, 즉 자족이다. 마음을 비우고 산속을 걸으며 물소리와 새소리도 감상하고, 책을 읽는 것도 마음이 즐겁게 내킬 때 자연스럽게 하고, 곡을 쓸 때도 마음에 내킬 때 기쁘게 하자. 그것이 삶을 재미있게 이끌어가는 방법이며 '남'이 주체가 아닌 '내'가 주체가 되는 주인으로서의 삶이다.

시선詩仙으로 불리는 이백은 공부를 하다가 너무 힘이 들어서 포기하려고 스승에게 말도 하지 않고 산에서 도망치듯 내려온 적이 있다. 그가 거의 마을까지 다 내려왔을 때 어떤 할머니를 만났다. 그 할머니는 도끼를 바위에 대고 열심히 갈고 있었다. 궁금증이 생긴 이백은 그 노파에게 물었다.

"할머니, 도대체 무엇을 하시려고 도끼를 바위에 갈고 있으신가요?"

"도끼를 갈아 바늘을 만들고 있다네. 포기하지 않으면 안 될 일이 세상에 어디 있는가."

할머니의 말에 이백은 자신의 어리석음을 깨닫고, 내려오던 산길을 따라 다시 올라가 학문에 정진했고, 그 결과 학문을 완성할 수 있었다. 이 일화에서 유래한 고사성어가 '마부위침磨斧爲針'이다.

자기 일이 너무 좋아 미쳐서 하는 사람은 지치지 않으며 다른 사람과 자신을 비교하지도 않는다. 그리고 자만 같은 것도 하지 않으며 실패를 하고 결과가 나쁘다고 해도 절대 좌절하거나 연연하지 않는다. 그러기 때문에 그 사람은 과정 자체를 즐기며 결과에 상관없이 더욱더 자기 일에 매진할 수 있다.

장자가 부릅니다, 'Let It Be'

기쁨은 취하고 슬픔은 버려라. 니체와 스피노자
가 말하는 감정사용법의 핵심은 바로 그것이다. 나에게 기쁨
을 주는 것은 '좋음'이요, 슬픔을 주는 것은 '나쁨'이다. 기쁨을
주는 존재는 받아들이되, 슬픔을 주는 존재는 신경을 꺼버리
면 된다. 피 터지게 싸우고 지적질하고 바꾸려할 필요가 없다.
내게는 시간 낭비이고, 그 사람에게는 짜증나는 일일 뿐이다.
걍 놔둬라. 이 시점에서 'Let It Be', '그냥 두어라'의 철학을 파
고들었던 《장자》를 다시 꺼내 들었다. 나이 사십에 접어드니,
동양철학이 점점 다시 읽힌다.

장자는 이름이 주, 전국시대 몽종 사람이었다. 공자의 책에

인간이 주로 나온다면 장자의 책에는 자연이 많이 등장한다. '조삼모사'도 그 대표격이겠지만, 그외 곤과 붕을 비롯한 나무나 여러 동물이 캐스팅된다. 장자의 이야기들은 알레고리다. 모두가 명리名利, 즉 이름과 이익을 탐하던 시기에 장자는 자유를 탐닉한 자유인이었다.

"오리의 다리가 짧다고 해서 그것을 늘려주려 하면 오리는 분명 두려워할 것이다. 학의 목이 길다 해서 목을 짧게 만들려 하면 학은 슬퍼할 것이다. 무릇 긴 것을 억지로 짧게 해서는 안 되며, 짧다고 해서 억지로 길게 해서도 안 된다."

어느 날, 장자의 아내가 세상을 떠났다. 친구가 문상을 가보니 장자가 악기를 두드리며 노래를 부르고 있었다. 기가 막힌 나머지 그가 장자를 나무라자, 장자가 말했다.

"왜 꼭 울어야만 하나?"

"그럼 자넨 전혀 슬프지 않단 말인가?"

"왜 슬프지 않겠나. 그런데 곰곰이 생각해보면 인간이 처음부터 살아있지는 않았다네. 형체조차 없었지. 우리 집사람은 오늘 왔던 곳으로 돌아갔을 뿐, 딱히 슬퍼할 건 없지 않겠나? 마치 봄, 여름, 가을, 겨울의 순환 같다고나 할까. 그녀는 편히 쉬고 있는 것이나 마찬가지라네. 그런데 내가 그 옆에서 엉엉 우는 것은 생명 변화의 이치를 몰라도 한참 모르는 짓이지. 그래서 울지 않는다네."

아무것도 없는 무에서 태어나 이 세상에 잠시 살다가 이제 다른 것으로 변해 떠날 뿐인데 뭐 그리 슬퍼할 일이냐는 것이다. 죽는다고 끝이 아니라 천지간의 다른 기운으로 변하는 것이니 이것은 울 일이 아니라 노래를 부를 일이라고 말한다.

장자의 시각에서 보면 죽음은 끝이 아니다. 장자는 자신의 죽음 앞에서도 쿨한 태도를 보였다. 세월이 흘러 장자에게도 죽음이 다가오자 제자들은 거창한 장례를 치르려 했다. 이에 장자가 말했다.

"하늘과 땅이 내 널이 될 것이고, 해와 달이 옥처럼 비출 것이다. 온갖 것들이 장례 선물이다. 모든 것이 갖추어져 모자람이 없거늘 무엇이 더 필요하단 말인가."

장자는 세속적 속박에서 벗어나 자유로운 세계에서 유유자적의 생애를 보내려면 어떤 철학, 어떤 인생관을 가지고 살아야 하는가를 깊이 고민했다. 그가 도달한 결론은 무위자연대로 사는 것, 즉 'Let It Be'다. 그는 삼무三無를 강조했다.

"기己와 공功과 명名을 버려라."

이기심과 공명심과 명예욕에서 벗어나면 반드시 자유로운 인간이 될 수 있고, 그러면 천지자연을 마음대로 소요하면서 살 수 있다는 것이다.

누구나 그림자가 있다. 남에게 보여주고 싶지 않고 버리고 싶은 나의 어두운 면, 그것이 바로 그림자다. 융은 이것을 '그림자'라고 불렀으며, 니체도 《차라투스트라는 이렇게 말했다》에서 비슷한 말을 하고 있다. 장자는 아무리 버리고 싶은 '그림자'라고 해도 다정하게 함께 안고 갈 것을 권하고 있다.

호접몽. 어느 날 꿈에 장자가 나비가 되어 펄럭거리며 꽃 사이를 날아다녔는데, 꿈속에서 나비가 된 것인지 아니면 내가 원래 나비인데 꿈속에서 장자가 된 것인지 알 수 없었다. 영화 〈매트릭스〉와 장자의 나비 이야기는 일맥상통하는 부분이 있다. 매트릭스에 등장하는 빨간약과 파란약, 가상 현실과 실제 현실 중에서 과연 어느 것이 진짜인가? 실제 현실인 줄 알았던 것이 가상 현실이고, 가상인 줄 알았던 것이 실제 현실이 되어버리는 알 수 없는 이상한 세상. 장자가 말한 것은 내가 나비가 되고 나비가 내가 되는 '물아일체'의 경지다. 인생은 꿈과 같고, 그림자 같다.

"가까운 숲으로 놀러가는 사람은 한 끼 먹을 것만 가지고 가도 배고픈 줄 모르지만, 백 리 길을 가는 사람은 하룻밤 지낼 양식을 준비해야 하고, 천 리 길을 가는 사람은 석 달 먹을 양식을 준비해야 한다."

-《장자》

개와 개소리

개는 밥 먹을 때 어제의 공놀이를 후회하지 않고, 잠잘 때 내일의 꼬리치기를 미리 걱정하지 않는다. 개야말로 지금 이 순간을 살고 있고, 개처럼 살면 현재를 온전히 살수 있다. '현재에 집중하고 순간을 살라'는 '카르페 디엠Carpe Diem'은 바로 개의 철학과 일맥상통한다.

《안나 카레니나》속의 레빈에게는 '라스카'라는 개가 있는데 레빈은 그 개를 보고 '나도 저렇게 살아야겠다'라고 결심한다. 자족에 대한 깨달음이다. 김훈의 《개》나 밀란 쿤데라의 《참을 수 없는 존재의 가벼움》에서 카레닌이 준 것과 같은 깨달음을 레빈의 라스카를 통해서도 얻을 수 있다.

호메로스의 《오디세이아》에서도 개 이야기가 잠깐 나오는데 사뭇 감동적이기까지 하다. 트로이전쟁을 끝낸 후 갖은 난관을 뚫고 살아서 20년 만에 오디세우스가 변장을 한 채 궁전 안뜰로 다시 돌아왔을 때, 늙어서 거의 빈사 상태로 드러누워 있던 개가 낯선 사람이 들어오는 것을 보고는 귀를 세우며 머리를 들었다. 그것은 오디세우스가 사냥할 때 데리고 다녔던 '아르고스'라는 개였다. 그 개는 오랫동안 보지 못했던 오디세우스가 가까이 오는 것을 보자 귀를 바짝 세우고 기쁜 듯이 꼬리를 흔들었으나 일어서서 전과 같이 주인에게 접근할 기력은 없었다. 오디세우스는 그 개를 보고 남모르게 흐르는 눈물을 닦았다.

고대 그리스의 키니코스파(견유파犬儒派) 철학자였던 디오게네스는 집 대신 길거리의 통 속에서 개처럼 살았다. 그는 세속적인 습관이나 형식은 무가치한 것이라고 경멸했으며, 개와 같은 원시적인 간편한 생활을 직접 실천했다. 자연의 보편적 원리를 디오게네스는 '자유'로 보았으며 더 나아가 국적이 없는 세계시민(코스모폴리탄), 즉 폴리스를 초월한 세계인을 자처하고, 유일하게 올바른 국가는 세계적인 규모의 국가라고 주장해 세계시민주의의 원조가 되었다.

알렉산드로스 대왕이 디오게네스의 소문을 듣고 그를 불렀으나, 그는 한마디로 거절해버렸다. 하는 수 없이 대왕이 직접 그를 만나보러 갔다.

대왕이 찾아왔을 때 디오게네스는 통 속에 들어앉아 있었는데, 알렉산드로스가 디오게네스의 앞에 서서 "나는 대왕인 알렉산드로스다"라고 하자 디오게네스는 "나는 '개'인 디오게네스다"라고 했다. 알렉산드로스가 왜 개로 불리느냐고 묻자 "무엇인가 주는 사람들에게는 꼬리를 흔들고, 주지 않는 사람에게는 짖어대고, 나쁜 자들은 물어뜯기 때문"이라고 답했다.

대왕이 "무엇이건 원하는 것을 말해보라"라고 하자 디오게네스는 "햇빛이나 가리지 말고 비켜라"라고 대답했다. 대왕이 "그대는 짐이 두렵지 않은가?"라고 묻자 디오게네스는 "도대체 당신이 누구인가? 선한 자인가, 아니면 악한 자인가?"라고 되물었다. 대왕이 "물론 선한 자다"라고 대답하자 디오게네스는 "그러면 누가 선한 자를 두려워하겠는가?"라고 말했다. 그 뒤에 알렉산드로스는 만일 자신이 알렉산드로스가 아니었으면 디오게네스이기를 바랐을 것이라고 말했다.

순간을 사랑할 줄 알았던 조르바는 카잔차키스의 작품 속에서 이런 말을 한다.

"나는 어제 일어난 일은 생각 안 합니다. 내일 일어날 일을 자문하지도 않아요. 내게 중요한 것은 오늘, 이 순간에 일어나는 일입니다. 나는 자신에게 묻지요. '조르바, 지금 이 순간에 자네 뭐 하는가?' '잠자고 있네.' '그럼 잘 자게.' '조르바, 지금 이 순간에 자네 뭐 하는가?' '일하고 있네.' '잘해보게.' '조르바, 자네 지금 이 순간에 뭐하는가?' '여자에게 키스하고 있네.' '조르바, 잘해보게. 키스할 동안 딴 일일랑 잊어버리게. 이 세상에는 아무것도 없네, 자네와 그 여자밖에는. 키스나 실컷 하게.'"

내 사주는 내가 본다

사주를 보았다. 어디 가서 본 건 아니고, 동생 덕분에 재미 삼아 보았는데 암튼 신기하게 척척 들어맞기도 하고 대부분 긍정적인 내용이었다. 사실 깜짝 놀란 부분도 있었다. 사주는 확률이라고 한다. 비슷한 사주를 가진 사람들이 그간 살아간 결과를 토대로 한 확률. 신뢰할 만한 부분들도 물론 있지만 어떤 확률도 백 퍼센트는 없지 않은가.

몇 해 전, 나름 '잘 나간다'는 점쟁이와 일을 한 적이 있다. 뭐 굿 한 번 하는데 얼마니 어쩌니 으스대며 잘난 척할 때부터 알아봤지만, 결론부터 말하자면 그 점쟁이는 어떤 이에게 크게 사기를 맞았고 그 후로는 잘 나타나지 않는다. 그런데 나는 이 대목에서 '그 사람은 자신이 그렇게 될 운명이란 걸 몰랐기에 미리 대비하지 못했던 것일까?'란 의문이 들었다. 아무리 중이 제 머리 못 깎는다고는 하지만 적어도 그 사람은 점쟁이니까. 내 생각에 그 사람은 그렇게 될 확률이 있다는 것은 분명 인지하고 있었을 터이나 지나친 욕심이 화를 불러오지 않았나 싶다.

점집에서 하는 이야기는 사실 빤하다. 점쟁이의 넘버원 클리셰는 "아직 때를 못 만났네. 올해 안에 사람이 나타나. 조금만 기다려"다. 누구라도 할 수 있는 말이다. 그러나 사람들은 자신에게만 해당되는 이야기라고 철석같이 믿는다. 이는 사실 대다수의 사람들이 가지고 있는 보편적인 특성을 말했을 뿐이다. 이른바 '바넘 효과'다. 비슷한 얘기는 더 있다. "편두통 같은 거 가끔 있으시죠? 밥 먹고 나면 속이 좀 더부룩하시고." 뭐 이런 거.

내가 하고자 하는 이야기는 사주를 보는 행위나 점집을 찾아가는 것이 나쁘다거나 신뢰할 만한 것이 못 된다는 게 절대 아니다. 요컨대 사람들은 자신이 믿는 대로 행동한다. 점쟁이나 사주의 암시를 믿고 그에 따라 행동하면 예언대로 이루어지게 되는 경우가 많다. 그러나 그건 점쟁이의 점괘가 효험이 있어서가 아니라 자신이 갖게 된 믿음과 확신이 불러온 결과라는 걸 꼭 알아야 한다. 결국 그 결과물로 이끈 것은 정해진 운명이 아니라 당신의 굳은 의지와 그로 말미암은 실천 덕분인 거다.

자, 점쟁이가 대학 시험에 붙을 거라고 예상했다고 치자. 그러면 어머니는 신이 나서 시험에 붙을 거라는 확신을 가지고 수험생 아이에게 용기를 주고 자신감을 불어넣어줄 것이다. 점이나 사주의 순기능이다. 믿으면 그대로 이루어지는 거. 반면 시험에 실패할 거라고 들은 어머니는 낙담하고 우울해하며 아이에게 짜증을 내고, 불안은 아이에게 그대로 전달된다. 문제는 여기서 발생된다. 그러다보면 시험 결과는 불 보듯 뻔하다. 결국 점쟁이의 좋지 않은 예언이 들어맞은 것처럼 보이는 것이다. 이것이 바로 점집이나 사주의 역기능이다. 우리는 이것을 타파해야 하는 것이다.

사람들은 용한 점집을 찾아 여기저기 다니지만 사실 답은 이미 마음속에 있다. 어떻게 해야 할지, 무엇을 해야 할지도 이미 알고 있다. 단지 실행을 하지 않았을 뿐이며, 위로해주고 맞장구쳐주며 자신의 결정에 힘을 실어줄 사람이 필요할 뿐이다.

그러므로 자신의 결정과 미래를 확신한다면, 실천하자. 미래는 확률로 예측하는 것이 아니라 발명하고 만들어가는 것이니까.

마음의 시계

하버드대학교 심리학 교수 엘렌 랭어 박사의 연구에 따르면, 흘러간 옛 노래를 듣는 것만으로도 우리 몸의 시간을 그 시절로 되돌리는 데 도움이 된다고 한다. 그녀는 1979년에 외딴 시골 마을에서 70~80대 노인들을 대상으로 실시한 심리 실험인 '시계 거꾸로 돌리기' 연구로 노화와 인간의 한계, 고정관념에 대한 충격적인 내용을 제시했다. 책《마음의 시계》는 출간 직후 영국 BBC 방송에서 〈젊은이들〉이라는 리얼리티 프로그램으로 제작, 방송되기도 했다.

실험 대상인 70~80대의 노인들은 외딴 시골에 과거를 그대로 모방한 환경에서 생활했다. 1959년 미국의 평범한 일상 분

위기가 나도록 꾸며진 방에서 신문, 잡지, TV프로그램, 음악과 라디오 방송도 1959년에 녹음한 것을 틀었다. 그리고 한 실험 집단은 이것이 과거의 재현이 아닌 진짜 1959년의 현실인 것처럼 생각하고 행동하도록 했고, 다른 대조 실험 집단은 같은 환경이지만 단지 현실이 아닌 과거형으로 받아들이도록 했다.

그곳에 온 노인들은 처음에는 독립생활이 버거울 정도로 노쇠했으나, 시간이 지남에 따라 스스로의 나이듦을 잊어버리고 활동적으로 변하여 실험이 끝날 때쯤에는 대부분이 훨씬 건강이 양호해지고 스스로도 젊어졌다고 느끼게 되었다. 두 집단 모두 실험이 끝났을 때 노인들은 자기 통제력을 회복했고 새로운 활력을 되찾고 더 젊어진 듯 보였고 청력과 기억력 등이 50대 수준으로 향상되는 놀라운 변화가 일어났는데, 특히 이 환경을 현재형으로 받아들였던 실험 집단이 더욱 건강하고 젊어보였다고 한다.

이 단순하고도 혁신적인 실험을 통해 랭어 박사가 이야기하는 것은 '발상의 전환'이다. 그는 기억력 감퇴, 굼뜬 행동 등 노인들에 대한 고정관념을 버릴 것을 요구했다.

또 다른 실험도 있다. 호텔 종업원을 상대로 객실의 침대를 정리하는 일도 운동 효과가 있음을 말해준 실험 집단은 이후 실제로 운동량에 변화가 없었음에도 운동을 했을 것으로 기대되는 효과가 났다고 한다. 반면 이런 내용을 말해주지 않은 집단은 변화가 없었다. 일상적으로 반복하는 일이지만 운동 효과가 있다고 말해 준 집단은 이를 긍정적으로 받아들여 더 건강해진 것이다(호텔 객실 담당 직원을 대상으로 한 심리 실험은 〈뉴욕 타임스〉가 뽑은 '2007년 올해의 아이디어'에 꼽히기도 했다).

믿는 것만으로 효과가 나타나는 현상은 새로운 발견은 아니다. 나는 요즘 차를 거의 끌고 다니지 않는다. 걷고, 계단을 오르고 하는 누구나 하는 단순한 이동을 하고 있지만 그것을 '운동'이라는 의식의 화살표를 가지고 움직이는 순간 그것은 실제 운동의 효과로 나타났다.

마음을 자극한 것만으로도 자연의 섭리라고만 생각했던 노화현상까지도 정복했다니 참 대단한 일이 아닐 수 없다. 노화에 대해 긍정적인 견해를 지닌 사람들이 부정적인 견해를 지닌 사람들보다 평균 7년 반을 더 살았다는 보고도 있다. 혈압이나 콜레스테롤 수치를 낮춤으로써 보통 4년의 수명이 연장될 수 있는데, 단순히 긍정적인 사고방식을 가지는 것만으로 이보다 훨씬 더 큰 변화를 불러올 수 있다니 얼마나 대단한 일인가.

특히 음악은 특정 순간과 감정 상태를 상기시키는 일종의 신호다. 자신이 좀 더 생기 있었던 시기의 특정 노래를 들으면, 그 곡을 듣는 것만으로도 그때로 돌아간 것 같은 느낌을 받는다. 그런 생기를 더 많이 맛보고 자주 경험할수록, 자신을 좀 더 활기찬 방향으로 채찍질하게 만드는 효과가 생긴다.

생각이 바뀌면 행동이 바뀌고

행동이 바뀌면 습관이 바뀌고

습관이 바뀌면 성격이 바뀌고

성격이 바뀌면 인격이 바뀌고

인격이 바뀌면 운명이 바뀐다.

오늘 죽을 것처럼 산다

"또 하루 멀어져 간다. 매일 이별하며 살고 있구나."

김광석이 부른 〈서른 즈음에〉의 한 구절이다. 지난주, 또 한 번의 장례식을 다녀왔다. 나이 마흔둘이 되고부터는 축하하는 자리보다 슬픔을 함께하는 자리가 부쩍 늘어가는 것 같다. 우리 인간은 어쩔 수 없이 죽어야만 하는 필멸의 존재이며, 이런 인간들을 슬프게 하는 것이 바로 헤어짐이다.

우리는 죽기 전부터 이미 수없이 많은 이별을 겪는다. 연인들은 헤어지고 난 다음에야 이별의 이유가 하찮은 것이었음을 깨닫게 되며, 어리석음에 후회한다. 자식은 평생을 사랑으로 키워준 부모를 언젠가는 눈물로 떠나보내야만 한다.

우리는 '오늘 죽을 것처럼 산다'는 필멸의 개념을 가슴에 안고 있을 때 가장 의미 있게 살 수 있다. 만약 우리가 영원한 삶을 얻는다면, 어느 날도 특별하지 않을 것이다. 무한히 계속되는 지루함 속에 있어야 할 테니까. 하루살이에게는 순간의 모든 것이 특별할 수밖에 없다. 우리가 '지금 이 순간', '오늘만의 삶'이라는 개념을 늘 가지고 산다면 매일 의미 있게 살 수 있을 것이다.

모든 인간의 공동체가 규정하는 죄악들은 결국 '자신이 영원히 살 것처럼' 오만해질 때 발생한다. 재물에 집착하고 남의 물건을 자기 것으로 만들고자 하는 과도한 욕심, 이것들에는 때로는 폭력이 수반되기도 하고, 많은 경우에 간사한 술수가 사용된다. 그리고는 속임수와 거짓 맹세와 사기가 등장한다. 나는 인간의 욕심과 질투의 본질을 여기에서 찾는다. 그것들은 바로 '나는 영원히 살 것이다'라고 착각하는 오만함에서 오는 모든 부작용이다.

인류 역사를 통틀어 삶의 유한성에 가장 격렬하게 맞선 인물은 진시황일 것이다. 시황제는 중국을 통일하고 춘추전국시대 500여 년의 대혼란을 마감한 인물이다. 그러나 황제의 권력으로도 해결하지 못한 문제가 하나 남았다. 그것은 바로 삶의 유한성이었다.

황제가 불로장생의 비방을 구한다는 소식이 퍼지자 천하의 날고 기는 사기꾼들이 몰려들었다. 그중에는 불로초를 가져오겠다고 황제를 꼬드긴 이들 중에는 산둥 출신의 서복이라는 걸출한 사기꾼도 있다. 그는 무려 60척이나 되는 배에 엄청난 양의 귀금속과 사람 5,000명을 태우고 제주도 근처를 들렀다 일본으로 도망간 것으로 추정된다.

암튼 진시황은 몸에 좋다는 약을 이것저것 먹었는데, 일설에는 사기꾼들이 명약이라고 권한 것 중에 수은 같은 중금속이 함유된 것도 있었다고 한다. 시황제는 지방을 순시하던 중 병으로 죽었는데, 당시 나이는 겨우 51세였다. 결국 오래 못 가 죽고 말 것을……

순자의 제자이기도 한 이사는 진시황을 도와 중국을 통일한 공신이었다. 그러나 그는 동료인 한비의 재능을 질투했다. 그는 한비가 자기보다 높은 자리에 오를 것을 걱정했다. 그래서 그는 한비에게 '아마 그럴 것이다'라는 '막수유莫須有' 죄를 뒤

집어씌워, 진시황이 한비를 독살하게 만들었다. 이는 지금까지도 이사의 큰 오점이었다고 지적된다.

진시황은 죽기 전 왕위를 큰아들에게 넘기라는 유서를 남겼으나 작은아들 호해는 간신 조고와 함께 이사를 협박하여, 자기가 왕위를 물려받도록 가짜 유서를 만들고 형을 죽여버렸다. 조고는 호해를 황제로 만들고 권력이 커지자 이사를 제거할 계략을 꾸미며, 이사에게 막수유 죄를 뒤집어씌워 감옥에 집어넣었다. 조고는 감옥으로 이사를 찾아가 마구 때리고, 거짓 자백을 하게 만들었다. 결국 호해는 이사를 모반죄로 처형하고 그의 삼족까지도 모두 죽여버리고 말았다. 결국 오래 못 가 죽고 말 것을…….

짧은 우리네 삶 하루하루가 결국 여행이다. 여행은 떠나고 만나고 돌아오는 것이다. 우리의 삶은 결코 영원하지 않다. 매 순간을 의미 있게 보내야 한다. 욕심내지 말고, 사기 치지 말고, 질투하지 말자. 우린 모두 결국 오래 못 가 죽고 만다.

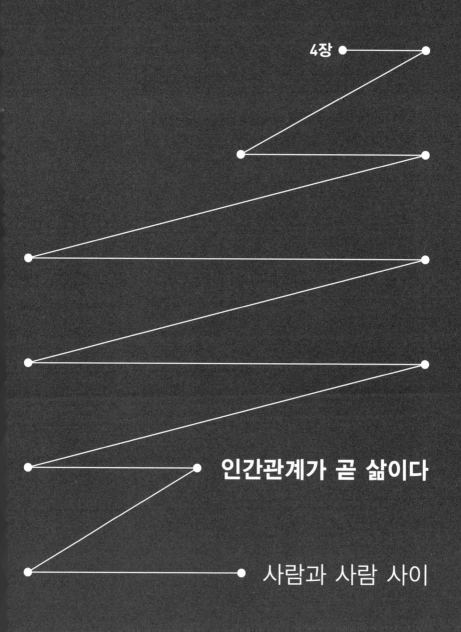

4장

인간관계가 곧 삶이다

사람과 사람 사이

구나 구나 법칙

'위편삼절韋編三絶'이라, 공자가 47세에 비로소《주역》을 접하고는 얼마나 몰입하여 읽었던지 죽간의 끈이 세 번이나 끊어졌다고 하던데, 나는 죽을 때까지《주역》을 몇 번이나 읽을 수 있을까? 내 독서 롤모델인 세종대왕도 "한 책을 백번 읽어야 한다"라고 하셨으니 나는 그의 뜻을 따라《주역》백번 읽기를 현재진행형으로 실천하고 있다.《주역》을 반복해서 읽다가 얼마 전에 나는 법칙을 하나 만들었다. 이 법칙을 만들고 적용하며 사니까 큰소리칠 일도, 싸울 일도 없다. 누군가를 미워할 일도 없어졌다. 바로 '구나 구나 법칙'이다.

사람 사이에든, 일에서든 매사에 너무 큰 기대를 하면 실망도 큰 법이다. 세상만사가 '내 뜻대로' 될 거라고 과신해서는 안 된다. 무슨 근거로 미래가, 상대방이 꼭 내가 원하는 대로 된다고 확신을 하는가? 그러다가 생각한 대로 되지 않으면 화를 내고 싸우고 실망하고 슬퍼하는 것이다. 사람은 고쳐서 쓰기 힘든 존재다. 내 자식도 내 마음대로 안 되는 것이 세상일인데, 남편, 아내, 친구, 직장 상사가 내가 원하는 대로 바뀌겠는가?

사람도, 일도 '그러면 그러는 대로, 오면 오는 대로, 가면 가는 대로' 그대로 받아들이면 편하다. 모든 것이 다 내 마음대로, 내 생각대로 되어야 할 필연적인 이유는 전혀 없다. 세상은 내가 뜻한 대로만 이뤄지는 그런 만만한 곳이 아니다.

'구나 구나 법칙'을 《주역》의 괘상으로 표현하면 곤坤(☷)을 아래위로 겹쳐서 '곤위지坤爲地' 또는 '중지곤重地坤'이라고 부른다. 한마디로 너그럽고 속이 깊은 마음, 또는 순순히 따른다는 뜻이다. 일이 성사가 되지 않으면 '아, 그렇게 됐구나' 하면 그만이다. 저 사람이 나하고 스타일이 맞지 않으면 '아, 저 사람은 저런 스타일이구나' 하고 생각해야 한다(물론 자유론의 관점에서 봤을 때, 타인의 자유와 신체에 위해를 가하려는 행동이나 사람은 예외다). 순응하는 사람에게는 오히려 좋은 일이 자주 생기는 법이다. 미래를 위해 노력하는 것은 좋다. 그러나 노력했다고 해서 원했던 바가 꼭 이루어지리라 확신해서는 안 된다. 옛말에도 '진인사대천명盡人事待天命'이라, 어떤 일이든지 노력하여 최선을 다한 뒤에는 하늘의 뜻을 받아들여야 한다고 하지 않았던가.

우리가 살아가는 동안 끊임없이 배우고 익혀야 하는 것이 하나 있다면, 바로 상생相生의 도리일 것이다. 상생의 도리를 어기면 큰 정치인도 때를 얻지 못해 모리배로 전락하고, 큰 부자도 돈만 모으는 수전노가 되며, 아무리 훌륭한 종교라 해도 인류를 전쟁의 고통으로 몰아가게 된다.

'구나 구나 법칙'과 함께라면 싸울 일도, 실망할 일도 없다. "아, 저 사람은 저렇구나, 이 사람은 이렇구나" 해버리고 넘기면 모두가 행복하다. 상대를 바꾸려고 하는 순간, 억압하려 하는 순간, 비난하려 하는 순간, 상대의 영역에 침범하려 하는 순간, 갈등이 시작되고 싸움이 시작된다.

봉다리를 처리하는 법

얼마 전에 나는 봉다리 하나를 받았다('봉다리'는 사투리로, '봉지'를 뜻한다). 그 봉다리 속에 즐거움이 가득할지, 슬픔이 가득할지, 열어보기 전에는 예측 불가였다. 사실 안 받아도 되는 봉다리였지만 결국 받았고, 아니나 다를까 받고 보니 걱정 근심이 가득한 봉다리였다.

'구나 구나 법칙'의 창시자로서 나는 직감했다. 내가 이 봉다리를 들고 있으면 결코 도움 될 것이 하나 없으리라는 것을. 하여 봉다리를 받은 즉시 내려놨어야 했는데, 그러지 못했다. 그 봉다리가 내게는 별 도움이 되지 않을 걸 알았지만, 동생들에게는 혹시나 도움이 될까 싶어 밀어붙였다.

사람을 내 마음대로 다루기란 불가능에 가까운 일이다. 정성을 다해 지시하고, 알려주고, 만들어보려 했지만 실패했다. 그 아이의 잘못도 아니다. 그 아이도 나름 최선을 다했을 것이다. 아직 나이가 좀 어렸고, 경험이 부족했을 뿐이다. 잘못이 있다면 끝까지 밀어붙였던 내 잘못이다. 그런데, 정작 중요한 것은 이제부터다. 그 시도는 실패했지만 나는 여전히 인생이 즐겁다. 사계절의 순환처럼 내 일상도 계속 반복될 것이다. 나는 아직 숨을 쉬고 있으며 수없이 더 실패할 것이다. 나는 오늘도 하늘을 올려다보고 있다. 그리고 툴툴 털고 일어나 걸을 것이다.

이제 봉다리도 내려놨다. 그 일을 접은 게 아니라 마음을 비웠다는 뜻이다. 무슨 일이든 마음을 비우게 되면 집착이 없어진다. 되면 "좋구나", 안 되면 "안 되는구나" 하고 방향을 전환하여 또 시도하든지, 아니면 마는 것이다. 그것이 바로 '구나구나 법칙'이다.

세상은 내가 뜻한 대로만 흘러가지 않는다. 당신이라고 다를 것 같은가? 세상은 당신이 뜻한 대로만 흘러가지도 않는다. 신은 공평하다. 톨스토이가 《안나 카레니나》의 첫 문장으로

"행복한 가정은 모두 비슷하다. 그러나 불행한 가정은 모두 제각각의 이유로 불행하다"라고 후려갈긴 것은 다 이유가 있는 것이다. 세상이 이만큼이라도 유지되는 건, 결코 이 세상이 모든 사람의 바람대로 흘러가지 않기 때문이다. 생각해보라. 하는 일마다 일사천리로 진행되는 일이 어디 있던가? 동물의 왕인 사자의 먹이 사냥 성공률도 20퍼센트 정도밖에 안 된다.

누가 당신에게 봉지를 하나 주었다. 그런데 받고 나서 열어보니 그 안에 근심이 가득하거나 쓰레기가 가득하다. 그러면 어떻게 해야 하나? 미련 없이 봉지를 내려놓거나 그냥 버리면 된다. 그걸 왜 애써 들고 다니면서 애꿎은 쓰레기 봉지에다 대고 욕을 하겠나? 그냥 버리고 손 탈탈 털고 가면 될 것을.

인간관계 해법의 결정판

인간관계 또는 사랑은 '오뜨꾸뛰르haute couture'가
아닌 '쁘레따뽀르떼pret-a-porter' 식으로 접근해야 한다.

오뜨꾸뛰르는 '소수의 고객만을 대상으로 고객의 니즈에 맞
춰 제작된 맞춤복'인데, 사람을 이런 식으로 내 니즈에 맞춰
맞춤식으로 제작할 수 있는가? 불가능하다. 인간관계에서는
상대방이 그 누가 되었든 나에게 맞추라고 강요할 수도 없고,
강요해서도 안 된다. 장담하건대 상대방에게 무언가를 강요하
는 순간, 갈등이 시작되고 싸움이 시작될 것이다.

사람은 결코 맞춤복처럼 태생부터 나와 딱 맞아떨어지게 태
어날 수 없다. 그러므로 쁘레따뽀르떼, 즉 '내게 최대한 어울리
는 기성복' 중 하나를 선택하여 구매하듯이 사람 역시 오직 내

가 최적의 상대를 골라 선택할 수 있을 뿐, 그 사람을 내게 맞춤식으로 바꾸려 해서는 안 된다. 사람은 제아무리 바꾸려 해봤자 바뀌지 않는 존재다.

인간관계로 인해, 남녀 간의 사랑으로 인해 고민이 있을 때, 옵션은 딱 두 가지다.

1. 그 사람의 '있는 그대로'를 받아들인다. 그 모습 그대로를 인정하고, 그 모습 그대로를 사랑할 것. 그래도 정 마음에 안 드는 점이 있거든 상대를 바꾸려 하지 말고, 상대방에게 'You(너) 메시지'가 아닌 'I(나) 메시지'로 설득을 시도해본다. 가령 "넌 대체 왜 그 모양이니? 으이구 인간아 나가 죽어라" 같은 멘트는 불구대천의 원수가 되기 딱 좋은 멘트다. 이것을 '너'가 아닌 '나' 화법으로 바꿔보면 훨씬 부드럽게 된다. "있잖아, 나는 네가 돌아이 짓을 하는 걸 보는 게 참 슬프다" 또는 "나는 네가 이렇게 해주면 정말 기쁠 거 같아" 하는 식이다.

2. 그 사람의 '있는 그대로'를 받아들이기 힘들다면 낑낑대지 말고 버려라. 그게 서로를 위한 행복의 지름길이다. 내게 어

울리는 기성복이 아니면 과감하게 반품을 하든지 애초에 구입하지 말아야 하듯이, '이 사람은 정말 아니다' 싶으면 매몰비용은 시원하게 잊고, 나와 더 어울릴법한 사람을 찾아 나서는게 낫다. 다만 그때까지 시간이 얼마나 걸릴지 모른다는 단점이 있다.

인간관계에 있어서 가장 원초적 법칙은 다음과 같다.

1. 상대방이 나에게 해주기를 원하는 것처럼, 나도 상대방에게 베풀라.
2. 내가 하기 싫은 일은 남에게도 강요하지 마라.

자공이 "평생 실천해야 할 한 글자가 있습니까?"라고 묻자 공자가 대답하기를 "그것은 바로 서恕(관대함)이다! 자신이 원치 않는 것은 남에게도 강요하지 마라."

선을 그어라, 가능하면 매직으로

        지난주에 있었던 일이다. A씨는 얼마 전에 다른 작곡가와 신곡을 녹음했는데 마음에 안 든다며 나한테 다시 작업할 수 있겠느냐고 전화로 문의를 했다. 그러니까 이미 다른 작곡가와 작업을 한 상태에서 나보고 거기에 손을 대 달라는 거다. 사실 이런 작업은 썩 유쾌한 작업은 아니라서 안 하려고 했는데, 해달라고 거듭 부탁을 하길래 알았다고 했다(통화 내역을 확인해보니 그 일과 관련해서 정확히 14통의 전화가 왔고, 그걸 다 받고 응대해준 나도 잘못이 크다). 그러면서 A씨는 나한테 작업비가 얼마냐고 물었다. 나는 더도 말고 덜도 말고 업계 표준 가격 수준으로 말씀드렸다. 그랬더니 "아니 B한테 맡기면 ○○에 할 수 있는데 뭔 소리냐?"며 짜증을 내고 갑자기 소리를 지르는 게 아닌가. 이거 대체 내가 뭘 잘못한 건가?

　내가 아무리 요즘 미친 듯이 책을 읽고 자기 수양을 한다고 해도 나는 신이 아니며 그렇게 될 수도 없다. 인간이 신처럼 되고자 한다면, 결국 얻는 것은 죄책감과 무력감뿐이다. 인간은 완벽하지 못한 존재이므로 완벽을 과하게 요구하면 부작용이 생기게 마련이다. 나 역시 한없이 부족한 인간이기에 A씨의 행동에 순간 속에서부터 화가 확 치밀어 오를 뻔하다가, 얼마 전에 내가 만든 '구나 구나 법칙'을 생각하며 다음과 같이 얘기하고 무사히 넘겼다.

　"저랑 작업을 하고 싶으시면 그 가격을 주시면 되고, 제 작업비랑 가격이 안 맞으면 저 말고 B랑 작업을 하시면 됩니다. 아주 간단한 문제예요. 저한테 화내고 짜증 내실 필요가 없어요."

　암튼, 결론은 '구나 구나 법칙'이 짱이라는 거다.

　최근 몇 년간 끈질기게 글을 쓰고 책을 읽으며 수행에 수행을 거듭하며 깨달은 것이 하나 있다. 우리가 삶에서 겪는 모든 문제는 바로 인간관계에서 비롯된다는 사실이다. 우리는 다른 사람과 완전히 분리되어 살 수가 없다. 인간은 철저하게 사회적인 존재이고, 다른 사람의 생각과 감정에 많은 영향을 받는다. 자신의 생각과 감정을 희생하면서까지 타인에게 맞추려고 하면 분명 문제가 발생할 수 있다. 남의 기분을 신경 쓰느라 정작 내 마음은 보지 못하고, 주변 사람들을 배려하느라 정작 나 자신을 돌보는 일은 놓쳐버리게 되는 것이다.

남녀관계에서든, 일에서든 스트레스를 피할 수 있는 좋은 방법 하나는 '거절하기'다. 거절하기는 더 인정받기 위한 노력이 아니라 안 된다고 '선을 긋는 용기'다. 무리한 부탁을 할 수 없게 애초에 분명하게 선을 그어야 한다. 그래야 이리저리 끌려다니지 않는다. 누군가 무리한 요구를 해도 참고 버티면 상처받을 상황을 자초하는 꼴이 된다.

오래도록 좋은 관계를 지속하는 힘 역시 '단호한 선 긋기'에서 나온다. 선을 긋는다는 것은 상대와 나 사이의 접촉을 끊어버리는 것이 아니다. 상대의 요구와 개입을 허용할 수 있는 한계를 정하고 감정적으로나 신체적으로 혹사당하지 않는 것이다. 아무리 가까운 사람이라고 해도 내 일을 망칠 것 같을 때는 미안하지만 더는 도와줄 수 없다고 말해야 한다.

또한 아무리 사랑하는 사람이라고 해도 내 인생을 마음대로 휘두르게 내버려두어서는 안 된다. '거절하면 실망하겠지, 내가 참는 게 모두를 위해 낫겠지' 하는 마음으로 참기만 하면, 풀지 못한 감정은 분노가 되어 결국 폭발하고 만다.

어떤 일을 하든 어떤 사람을 만나든 참고 견디는 데는 한계가 있어야 한다. 그래야 내 시간과 에너지를 다른 사람을 원망하는 일에 낭비하지 않을 수 있다.

사랑도 표현해야 알 수 있는 것처럼 거절의 마음도 표현하지 않으면 알지 못한다. 사람들은 할 수 없다고 말하지 않으면 당연히 할 수 있다고 생각하고, 싫다고 말하지 않으면 당연히 좋아한다고 생각해버린다. 결국 내가 솔직하게 말하지 않기 때문에 스스로 상처 입고 상대도 나쁜 사람으로 만들어버리는 셈이 된다.

다른 사람의 마음에 들기 위해 자신의 생각과 감정을 묵살하지 말아야 한다. 실패하더라도 자신의 신념을 지켰을 때, 삶에 대한 만족감과 행복감은 훨씬 커진다. 다른 사람의 생각과 다르면 다를수록 더 분명하게 자기 생각을 말해야 한다. 그래야 후회 없는 인생을 살 수가 있다.

선을 긋는 데 있어서 가장 중요한 것이 바로 '안 돼'라고 말하는 타이밍이다. 사람들은 단호함을 보여주어야 할 때 너무 늦게 행동하는 경향이 있다. 그 자리에서 바로 거절하는 게 가장 좋은 타이밍이다. 시간이 지날수록 거절에는 원망이라는 이자가 붙는다. 문제는 사람들이 당신을 뭐라고 부르는지에 관한 것이 아니다. 중요한 것은 당신이 그들에게 뭐라고 대답하느냐다.

볼펜 똥에서 얻은 깨달음

지난 토요일에 이태원에서 음악 틀 일이 있었다. 그날은 수원에서 결혼식 사회까지 봐야 해서 어쩔 수 없이 차를 몰고 나갔다. 나는 운전하기를 싫어한다. 운전이 귀찮아서라기보다는 막히는 도로 위에서 허비하는 시간이 너무 아까워서다. 하여, 책을 읽기 위해 차를 두고 전철을 주로 애용하는 편이다. 물론 지난 토요일처럼 부득이한 경우에는 운전을 하며 오디오북을 주로 듣는다.

암튼 이래저래 결혼식 사회를 잘 마친 뒤, 막히는 도로를 뚫고 이태원으로 열심히 가다가 1차선, 좌회전 차선에 섰다. 분명 좌회전 차선 표시가 전방에서부터 잘 보이는 도로였다. 잠시 후, 내 뒤에 트럭이 한 대 섰다. 첨엔 같이 좌회전하는 차인 줄 알았다. 그런데 뒤차가 꾸역꾸역 옆 차선으로 빠져나가더니 급기야 내 차 옆을 지나쳐 가면서 트럭 운전자는 내게 클랙슨 난타와 동시에 한바탕 쌍욕과 고함을 선사했다. 자기는 직진을 할 건데 괜히 내 차 뒤에 서는 바람에 못 갔다 이거다. 차에서 내릴 용기는 없었는지 자기 할 말만 따발총처럼 하고는 휑하니 달려가더라. 그러고도 분이 가라앉지 않았는지 난폭 운전을 하다가 옆에서 달려오던 차와 부딪힐 뻔한 아찔한 장면을 연출하기도 했다.

요즘 우리 사회의 큰 화두 중 하나는 분노 조절이다. 순간적으로 욱해서 폭언, 폭행을 하거나 우발적 살인을 저지르는 경우가 많아서다. 직장에서, 도로에서, 길거리에서, 술집에서 상대방에 대한 분노를 참지 못해 사건이 나는 경우도 비일비재하다. 미움과 분노는 상대방에게 해를 입히는 것도 문제지만, 결국 자기를 파괴시키는 일이다. 사람이 사람을 미워할 때, 따지고 보면 화를 내는 당사자의 마음이 더 힘들다. 미워하는 일도 에너지 소모이기에 그렇다. 무엇보다도, 미움은 악순환되기 쉽다.

"가끔 우주의 크기를 생각해보세요."

정호승 시인은 인생에서 힘이 되어준 한마디로 이 말을 꼽았다. 그는 어느 날 신문에서 토성에서 본 지구 사진을 보게 되었는데, 지구가 어찌나 작은지 볼펜 똥을 콕 찍은 것 같았다고 한다. 그런 지구에 사는 우리는 얼마나 작은 존재인가, 무엇을 더 얻고 소유하기 위해 매일 전쟁을 치르듯 사는가, 이 모든 게 얼마나 부질없는 일인가 하는 생각에 충격이 컸다고 한다. 우리는 광활한 우주의 작은 일부일 뿐이거늘, 뭘 불같이 화를 낼 일이 많다고 그리도 화를 내고 사는가.

《나는 고양이로소이다》를 쓴 작가 나쓰메 소세키는 화가 날 땐 그 마음을 열일곱 자로 표현해보라고 했는데, 열일곱 자를 쓰는 과정에서 자신의 화가 이미 타인의 화로 변하기 때문이라고 한다. 자, 기억하자. 열일곱 자.

아무리 말해도 알아듣지를 못하니

사람들은 웬만해선 자기 생각을 잘 바꾸지 않는
다. 이는 나만의 생각이 아니라 '현상유지 편향'이라는 과학적
으로도 이미 증명된 인지 기능이다. 속된 말로 표현하면 "목에
칼이 들어와도" 또는 "내 눈에 흙 들어가기 전에는" 등이 적당
하겠다.

우리 두뇌회로는 변화하는 쪽을 선택했을 때 자기에게 주
어질 이득이 매우, 매우, 매우 매력적이지 않은 한, 아예 변하
지 않는 쪽을 택한다. 심지어 받아들인 정보 가운데 자기 생각
을 지지하는 정보를 위주로 선별, 해석하는 '확증 편향'이라는
것도 추가로 작동한다. 요컨대 사람들은 자기 의지가 있고, 각
자 자신에게 최선인 것이 무엇인지 나름대로 계산하며 매사에

결정을 내린다. 그러다보니 객관적으로 자기 자신을 바라보지 못하고 오류에 빠지는 경우가 무시할 수 없이 많다. 그것이 신념으로 확장되면 그 유명한 '똥고집'이 된다.

가급적이면 자신의 의견을 바꾸지 않으려 하는 바탕의 전제는 "나는 지금도 그럭저럭 잘하고 있다"라고 믿는 것이다. 자신이 초래한 긍정적인 결과를 과대평가하고 부정적인 결과는 과소평가하는 셈이다. 하여, 비판을 수용한다는 것은 고난도의 훈련이 필요한 엄청난 능력이다. 비판적 이야기를 한다고 해서 싫어하는 것이 아니라 "당신이 잘못했어"라고 누가 삿대질하는 것 자체가 싫은 것이다.

원래 사람은 변화에 저항하는 것이 기본 설정이다. 그런데 설득을 바탕으로 하는 대화는 상대의 관점을 변화시키는 것이 핵심이다. 바로 이 지점에서 사람들 간의 갈등이 시작된다. 그러나 "당신이 잘못되었으니 입다물고 나를 따라오라"라는 막무가내 설득이 아니라, 그 변화가 상대에게, 모두에게 객관적으로 바람직한 변화라면, 더는 똥고집을 부려서는 안 된다. 최소한 변화하려고 시도라도 해보는 것이 바람직하다.

사람들이 상황을 판단하는 기준은, 자신이 얻을 득실이다. 뭐가 됐든 그 출발은 자신에게서 시작된다. 사람들은 어떤 논의라 할지라도 결국 자신의 상황에 맞추어 수용하기 마련이다. 그렇기에 설득은 각 개인의 이해관계라는 시각에서 출발할 때 비로소 의도한 바를 제대로 전달할 수 있다. 그렇게 하지 않으면 사람들은 알아서 자기 마음대로 논의를 개인화하거나 그냥 무시한다. 어떤 이의 말대로 "아무리 말해도 알아듣지를 못하니 이길 수가 없는 상황"이 연출된다.

내 짝을 찾는 완벽한 방법

생물 진화의 주체는 유전자다. 모든 생물의 행동은 철저히 유전자에 의해 결정된다. 인간의 번식도 유전자를 존속시키기 위해 프로그램된 행동일 뿐이다. 생명체는 죽지만 유전자는 번식을 통해 계속 지구상에 살아남는다. 유전자는 유전자 자체를 유지하려는 목적 때문에 원래 이기적일 수밖에 없으며, 그러한 이기적 유전자가 자기 복제를 통해 생물의 몸을 빌려 현재에 이르게 됐다.

유전자가 증식하기 위해서는 암수가 서로 결합해야 한다. 따라서 유전자는 암수가 서로 끌리도록, 그리하여 짝짓기를 하면 쾌감이 생기도록 동물의 뇌를 스스로 진화시켜 왔다. 즉,

육체적 쾌락은 우리의 유전자 복제 노력에 대한 유전자의 보상이다. 그러므로 연인과의 이별이 힘들고 고통스러운 이유는 이것이 유전자 복제를 하지 않고 떠나려 하는 데 대한 벌이기 때문이다. 결국 사랑 또한 단순히 육체로 하는 몸짓이 아니라 복잡한 뇌의 작용인 것이다.

단순한 육체적 사랑이 말초신경세포로부터 변연계를 향해 오르는 원시적인 방법이라면, 전두엽을 사용한 만남은 신피질부터 시작해 변연계로 내려오는 이상적인 방법이다. 정상적인 인간이라면 누구나 마음에 드는 이성에게 "영화 한 프로 볼까?" 또는 "밥이나 같이 먹자" 하지, 처음부터 막무가내로 "한 번 하자" 하지는 않는다.

우리는 왜 사랑하는가? 사랑이라는 열렬한 감정이 진화한 까닭은 무엇인가? 세상 어딘가에는 당신이 찾는 완벽한 상대가 틀림없이 있다. 그러나 이상형이 나타나기만을 기다리면서 죽을 때까지 솔로로 늙어 갈 수는 없지 않은가. 게다가 이상형을 만났더라도 그 이상형이 꼭 당신을 선택한다는 보장도 없다. 결국 '합리적으로만' 따진다면 그동안 만난 이성 중 그나마 가장 나은 상대를 택해 결혼해 살다가 더 나은 이성이 나타나면 바로 그리로 옮겨타는 게 최선이겠지만, 상대방 역시 당신과 똑같이 생각할 것이므로 그렇게 된다면 결국 남녀 모두 콩가루를 흩뿌리며 파국을 맞게 될 것이다.

비유하자면 집주인은 최고의 세입자를 구하고 싶어하지만, 결국은 만나 본 세입자 몇몇 가운데 가장 나은 사람을 선택할 수밖에 없고, 세입자 역시 둘러본 집들 중 가장 나은 집의 주인을 택할 수밖에 없다. 일단 세입자가 들어와 살게 된 다음에는 두 사람 모두 상대방이 갑자기 계약을 파기하면 큰 멘붕이 온다. 집주인이 더 좋은 세입자를 구했으니 당장 집을 비우라고 요구하거나, 세입자가 더 싸고 좋은 집을 찾아서 이사를 가야 하니 다른 세입자를 구해보라고 말한다면?

따라서 둘 다 그러한 상황을 미리 방지하려면 일방적으로 계약을 파기한 사람이 큰 손해를 입도록 법적으로 규정한 임대차 계약서를 쓰는 방법밖에 없다. 그러나 애인을 갑자기 차버리지 못하도록 강제하는 연애계약서나 법률 따위는 없다. 어느 날 유명 여배우가 당신의 남자친구에게 접근하거나, 아이돌 가수가 당신의 여자친구에게 사랑을 고백하면 어떡할 것인가?

그러므로, 유일한 해결책은 처음부터 당신의 '있는 그대로'를 좋아하며 어떤 일이 생겨도 당신 곁에 있어줄 '비합리적인 사람'과 사귀는 것이다.

진화론의 시각에서 보면 사랑이란 연인 사이에서 여러 가지 유혹을 물리치고 장기적으로 서로에게 헌신하는 일, 즉 자연선택에 의해 만들어진 복잡한 정신 현상이다. "너의 외모는 만족스럽고, 너희 집안도 마음에 들어. 경쟁자들 가운데 가장 낫기 때문에 널 선택했어"라고 털어대는 '합리적인 사람'은 더 나은 상대가 나타나면 당신을 떠날 사람이다. 백퍼.

지옥, 그것은 타인

인생은 자신의 본모습을 찾아가는 기나긴 여정이다. 어떤 이는 현실에 매몰되어 자신이 누구인지 모른 채 살아가고, 어떤 이는 본래의 자신을 찾기 위해 끝없이 노력한다. 나는 사르트르를 무척 좋아하는데, 그와 그의 사상은 내게 많은 영감을 던져준다. 사르트르는 존재를 '즉자 존재'와 '대자 존재'로 구분했는데, 즉자 존재는 '사물'처럼 변함없이 그 상태로 머물러 있는 존재를 말한다. 책상은 책상의 구실을 하는 동안은 평생 책상으로 남아 있다. 그러나 인간은 대자 존재이며 지금 나의 존재가 여기에 이런 상태로 있지만, 이 상태가 나의 전부가 아니다. 무한한 가능성의 존재, 그것이 인간이다.

우리는 태어나기 전부터 이미 삶의 유한성을 부여받은 채 태어난다. 죽음을 향해 한 발 한 발 다가갈 수밖에 없는 이 삶의 유한성이 우리에게 가져다주는 슬픔은 덜어지지 않는다. 삶의 진실한 가치를 고민하려면 이 슬픔을 두려워하지 말고 똑바로 마주해야 한다. 죽음 앞에서 우리는 삶에 대해 가장 정직해질 수 있다.

이제까지의 삶에서 무엇이 가장 후회되는가? 다시 한 번 살 수 있는 기회가 생긴다면 어떻게 살겠는가? 그것이 바로 우리의 진정한 가치이고, 우리가 추구해야 할 삶의 원칙이다. 그렇게 살면 되는 것이다. 삶의 끝자락에서 후회하지 않으려면 '어떻게 살아지는가'가 아니라 '어떻게 살 것인가'를 고민해야 한다.

타인의 평가에 일희일비하고, 타인의 가치관에 맞추며 살아가려고 하는 이유는 타인들이 만들어놓은 프레임에 갇혀 있기 때문이다. 남들과 비슷하게 살기 위해 남들의 눈치를 보면서 살아가며 "나는 내 의지대로 살았던 적이 별로 없다. 부모님을 실망시키지 않기 위해 대학을 가고, 남들만큼 먹고살기 위해 스펙을 쌓았으며, 결국 내 삶의 주인은 내가 아닌 타인이었다"

라고 죽음 앞에서 회고한다면 그 기분이 어떨까.

확정되지 않은 존재, 끊임없이 스스로 만들어가야 하는 존재라는 점이 인간에게는 가장 큰 과제이자 감당하기 어려운 자유다. 학생들이 가장 고민하는 문제도 바로 그것이다. 고등학교 때까지는 남이 정해준 대로 그대로 따라 하면 되는데, 대학에 들어오고 성인이 되어서 자신이 어떤 인간이 되어야 할지를 스스로 결정해야 하니까 그것이 가장 큰 고민이 된다. 바로 이런 것이 실존적 고민이다.

일이 놀이처럼 즐겁거나 숨 쉬는 것처럼 편안하다면 더 바랄 것이 없을 것이다. 반면에 못하는 일이나 관심 없는 일을 억지로 붙잡고 있으면 일은 고문이 된다. 하고 싶은 일이 있는데 재능이 정말 없다면 취미로 삼고 굳이 업으로 삼을 필요는 없다. 물론, 재능을 타고난 사람보다 몇 배, 몇십 배의 노력을 하겠다는 각오가 되어 있다면 손뼉 치며 응원해줄 수 있다.

그런데 심각한 문제는 대부분 자기가 뭘 잘하는지, 뭘 하고 싶어하는지 모른다는 것이다. "난 잘하는 게 아무것도 없어요"라고 말하는 이들이 한둘이 아니다. 그러나 누구에게나 재능은 있다. 단지 자신의 재능과 능력을 객관적으로 인식하지 못한 것뿐이다. 남들에겐 어렵지만 당신은 쉽게 해내는 것이 있다면, 그것이 재능이 아니고 무엇인가? 어떤 일을, 생각해볼 것도 없이 쉽고 자연스럽게 해낸다면 이것은 당신의 재능일 것이다.

우리 삶의 시계는 틱, 톡, 틱, 톡 죽음을 향해 끝없이 달려간다. 다른 사람 신경 쓰고 살 여유가 없다. 자기의 재능, 자기의 기쁨, 자기의 가치, 자기의 인생을 살아야 한다. 그러나 사람들은 보편적으로 자기 자신보다는 타인의 시선을 신경 쓰며 산다. 그렇게 자기의 인생도 아닌, 남의 인생도 아닌 삶을 사는 경우가 많다. 사르트르는 희곡《닫힌 방Huis clos》에서 "지옥, 그것은 타인이다"라는 유명한 말을 남겼다. 인간은 가능성의 존재, 확정되지 않은 존재인데 타인의 시선이 나를 즉자 존재로 만들어버린다. 타인의 시선은 나를 이 순간의 나로 영원히 고정해버린다. 노자《도덕경》의 첫머리에 나오는 구절 "도가도 비상도道可道非常道('도'가 말해질 수 있다면 그것은 영원한 '도'가 아니다)" 역시 같은 맥락이 아닐까? 남이 나를 '나'라고 규정해 버리는 순간, 그것은 진정한 '나'가 아닌 셈이니까.

사르트르는 자기가 주장했던 대로 평생 자유인으로 살았다. 노벨 문학상도 거부했고, 프랑스 정부에서 주는 최고 권위의 훈장 레종 도뇌르도 거부했다. 훈장을 받음으로써 자신이 어떤 특정한 인물로 고착되는 것을 바라지 않았던 것이다.

그래서 그는 모든 가능성을 열어놓은 상태로 살았다. 평생 결혼도 하지 않고 보부아르와 연인이자 친구로 지냈으며, 집도 소유하지 않고, 호텔과 카페를 전전하며 글을 썼다. 그렇게 어디에도 얽매이지 않는 자유인으로 살았다.

사르트르는 체코 사태, 소련 사태에서도 자기가 믿고 주장하는 대로 현실에 뛰어들어 옳다고 믿는 바를 위해 싸웠다. 1980년 사르트르가 죽었을 때 수많은 인파가 모여 사르트르의 죽음을 애도했던 것은 그가 실천적 지식인의 위대한 표상이었기 때문이었다. 말로는 쉽게 떠들어댈 수 있지만 실천, 그것은 아무나 할 수 있는 것이 아니다.

사랑은 밑바닥이다

얼마 전 사랑을 시작한 친구가 있다. 늦은 나이에 시작한 사랑이라 모두가 응원해주고 함께 축하해주었다. 기대와는 달리 출발부터 아주 약간 삐걱대긴 했지만, 뭐 사랑이라는 게 늘 원만히 진행되는 건 아니잖은가. 서로 맞춰가며 울다가도 웃고 하는 거, 그게 사랑이고 인생이다.

인류의 영원한 수수께끼, 사랑. 사랑은 나의 존재 가치와 행복을 찾고자 타인을 절실히 필요로 하는 것이다. 그러나 상대는 나와 생김새도, 생각도, 가치관도 전혀 다른 독립된 존재다. 그래서 사랑을 하다보면 서로의 욕망이 부딪치면서 때론 갈등이 생기기도 하고, 때론 서로 상처를 주기도 한다. 해도 피곤하고 안 해도 피곤하겠지만 그래도 사랑은 안 하는 것보다는 하는 게 더 낫다. 사랑은 인간의 근본적인 결함인 외로움을 치유하는 치료제다. 어떤 상황에서도 늘 나와 함께하는 사람이 있다는 사실은 이 험난한 세상을 살아갈 수 있는 힘을 주고, 미래에 대한 희망을 품게 만든다.

사랑의 놀라운 특징 중 하나는 서로 전혀 모를 때 사랑에 빠진다는 것이다. "유단잔가? 자, 천~천히 한번 들어와봐"라고 외치며 사랑을 시작하고 나면 두 사람은 차츰 서로를 알아가며 배려하는 법을 배운다. 그래서 사랑을 시작하고부터 상대방에 대해 하나씩 하나씩 알아가다보면 결국엔 어쩔 수 없이 서로의 밑바닥까지도 보게 된다.

내 밑바닥까지 보여주었음에도 불구하고 나를 받아들이고 사랑해주는 사람을 만난다는 것, 바로 그것이야말로 인생에서 우리가 누릴 수 있는 가장 큰 축복 중의 하나다. 그래서 사랑은 상처를 치유하고 우리를 성장시키는 힘이 된다.

한편,《토지》에서의 월선이와 강청댁, 용이 같은 경우나《폭풍의 언덕》,《위대한 개츠비》의 경우처럼 사랑이란 참으로 고

약한 것이기도 하다. 다른 사람의 약혼녀인 로테를 보고 사랑에 빠진 베르테르처럼 사랑은 가끔 극한의 상황에 주인공을 몰아넣기도 한다(정작 괴테는 60세 무렵에 겪은 미나 헤르츨리프와의 사랑, 74세의 나이에 만난 19세 소녀 레베초와의 짝사랑 등 사랑의 밧데리가 늘 충만했다).

평생을 구속 없이 자유롭게 사랑을 나눈 사르트르와 보부아르 같은 사랑도 있고, 황진이와 이사종처럼 계약동거의 원조 격인 쿨한 사랑도, 《예브게니 오네긴》 속 예브게니 오네긴과 타티아나의 엇갈리는 사랑도 있다.

《자유론》으로 유명한 존 스튜어트 밀은 친구의 아내이며 두 자녀를 두었던 해리엇 테일러와 연인이자 학문의 동반자로 지내며 무려 21년을 기다린 끝에, 해리엇의 남편이 세상을 떠난 뒤에야 그녀와 혼인을 했다. 그러나 결혼한 지 겨우 7년 만에 해리엇이 갑작스러운 병으로 세상을 떠나고 말았기에 가슴 아프다.

'러시아 문학의 아버지'로 불리는 푸슈킨 이야기 역시 '안습'이다. 그는 1829년 무도회에서 16세의 나탈리야 곤차로바를 보고 첫눈에 반해 청혼한 뒤, 이듬해인 1830년에 약혼했다.

그러다 나탈리야와 청년 근위사관 단테스의 통정 사실이 드러
나자 상트페테르부르크 교외에서 결투를 하다가 복부에 치명
상을 입고 이틀 뒤에 37세로 생을 마감했다. 불쌍한 푸슈킨.

"나는 복수를 하고 사랑을 했다. 이것으로 충분하다. 모두 다는 아
니지만 인간으로서 더 이상 바랄 수 없을 정도다."

에리히 레마르크의 《개선문》에서 주인공 라비크가 진심으로 내뱉
은 감회의 말이다. 좋든 나쁘든 나에게 닥친 이 순간에 충실할 때,
그러니까 지금 하고 있는 일을 사랑하고, 지금 이 순간을 사랑하
고, 지금 만나는 사람을 사랑할 때, 인생은 즐거워진다.

사랑이 진짜 기적인 이유

지난 주말, 결혼식 사회를 봐주고 왔는데, 그 자리에서 나는 또 여러 번의 똑같은 질문을 마주해야 했다.

"결혼 안 하니?"

앵무새 같은 질문과 앵무새 같은 대답들이 오간다. 생각도, 가치관도 서로 다른 거니까 난 그냥 "관심에 감사합니다" 하고 넘어간다.

'평생 상대방의 성을 독점하는 계약'이라는 결혼에 대한 칸트의 정의는 매우 유명하다. 사랑을 소유할 수 있는가? 그것이 가능하려면 사랑은 실체여야 하지만, 사랑은 추상적이며 관념적이다. "사랑은 외부 원인의 관념을 동반하는 기쁨일 뿐이다"라고 했던 스피노자의 말처럼 사랑은 생동감을 증대시키는 과정이다.

그러나 결혼이 개입되는 순간, 사랑 외의 요소들이 두 사람 사이를 파고든다. 둘만의 사랑이었던 것이 이제는 두 집안의 사랑이 되었다. 결혼과 동시에 싱글 시절보다 해야 할 역할도 많고, 책임도 많아져 버거워지는 것은 자명한 논리다. 결국 존재 양식으로의 사랑이 소유 양식의 사랑으로 돌변한다. 이는 사랑하는 대상을 구속하고 지배함을 의미한다.

내가 사랑하는 사람이 동시에 나를 사랑하는 일은 기적과도 같은 일이다. 그 사람의 마음과 내 마음이 하나로 통해 사랑을 하게 되는 결합. 하나의 이기적인 생명체가 또 다른 이기적 생명체를 만나 둘이 하나가 된다. 구애를 하는 동안에는 누구나 생산적이고 능동적이어서 생기가 넘치고 매력적이다.

그러나 결혼과 더불어 상황은 급반전된다. 결혼은 칸트의 정의처럼 쌍방의 성뿐만 아니라 모든 것을 독점할 권리를 부여하기 때문이다. 이제는 상대의 환심을 사려고 노력할 필요가 없다. 결혼과 동시에 사랑은 이제 소유하는 무엇, 하나의 재산이 된다. '그 정도 돈벌이면 괜찮겠지'라던가 '나이가 찼으니'라던가 '친구들은 다 갔는데 나만 혼자라서' 결혼을 한다면 100퍼센트 불행하다. 결혼으로 인해 인생이 뒤바뀌고, 내 배우자로 인해 행복해질 거라는 막연한 기대가 인생을 더 불행하게 만든다.

이쯤에서 18세기 영국의 작가 새뮤얼 존슨의 이야기를 한번 들어보자.

"일반적으로 결혼은 이런 식으로 이루어진다. 남녀 한 쌍이 우연히, 아니면 일부러 기회를 마련하여 서로 만나게 되고, 그들은 서로 예의 바른 행동을 취하고, 각자 집으로 돌아가서는 서로에 대한 그리움을 키우게 된다. 두 사람은 서로 떨어져 있는 동안 즐거움을 느끼지 못하고, 그 결과 결혼을 하면 행복해질 거라고 단정하게 된다. 그리하여 그들은 결혼을 하게 되는데, 그동안 눈에 씌웠던 콩깍지 때문에 보지 못했던 상대방의 진면목을 이내 발견하고 만다. 그런 뒤 두 사람은 그저 다툼으로 인생을 소모해가면서 자연의 섭리를 잔인하다고 비난할 뿐이다."

권태기의 부부들은 사랑의 부재를 놓고 어디서부터 잘못되었는지 원인 분석에 들어간다. 사랑을 소유할 수 있으리라는 잘못된 기대감이 결국 사랑을 정지시킨다. 사랑한다는 것은 이해가 아니라 상상의 날개에 편승한 찬란한 오해라고, '나는 당신을 죽도록 사랑합니다'는 말은 '나는 당신을 죽도록 오해합니다'일지도 모른다고 법정 스님은 말했다.

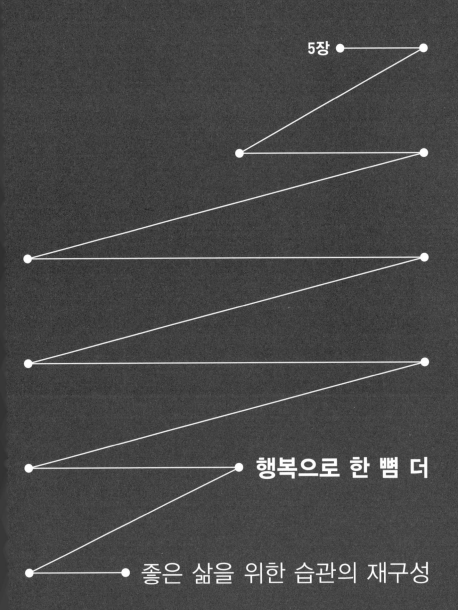

5장

행복으로 한 뼘 더

좋은 삶을 위한 습관의 재구성

왜 꼭 나여야 하는가?

어떤 후배가 말한다. "형, 저도 일 좀 주세요."

냉정하지만, 나는 이렇게 묻겠다. "왜 너여야 하는데?"

어떤 일이든 진입장벽이 낮을수록 경쟁은 치열해진다. 진입이 쉬우면 너도나도 뛰어들어 통행량이 많아진다.

"BJ, 래퍼, DJ들은 어마어마한 돈을 벌어들인데!"

미안하지만, 과연 그게 쉬운 일일까? BJ, 래퍼, DJ라는 기회역시 낮아진 진입장벽으로 인해 컴퓨터만 있으면 누구나 할수 있다. 만약 내가 하려는 일을 누구나 쉽게 시작할 수 있다면 십중팔구 나는 진입장벽이 낮은 곳으로 가고 있다고 보면된다.

그런데, 세상을 살다보면 비록 진입장벽이 낮은 일이지만 꼭 그 일을 선택해야 할 때도 있다. 아무리 경쟁자가 많더라도 내가 꼭 BJ나 래퍼나 DJ가 되고 싶다면 어쩔 수 없는 것 아닌가? 어쩔 수 없이 그런 일을 택했다면 반드시 남과 다른 생각을 해야 하고, 탁월해야만 한다.

탁월卓越이란 말 자체가 '높을 탁, 넘을 월', 즉 높이 넘는다는 뜻이다. 같은 곳을 바라보는 수천, 수만, 수십만, 수천만 명의 사람과 달라지려면 반드시 탁월해야 한다. 실력, 아이디어, 근성, 철학, 외모, 개성, 목소리, 글, 인성, 경제력 등 어떤 요소든 어떻게든 탁월해져야 한다. 매 순간 자문해보라.

"나는 대체 무엇이 탁월한가? 나는 대체 무엇이 다른가? 나보다 탁월한 사람들이 이미 넘치고도 넘쳐나는데 왜 꼭 나여야 하는가?"

남이 만들어놓은 피라미드에 굳이 올라가려면 반드시 탁월함이라는 무기를 장착해야 한다. 그게 아니면 차라리 남이 안 하는 분야를 개척해 완전히 새로운 피라미드를 만들어내야 한다. 이것도 저것도 아니라면, 대체 왜 당신을 선택해야 하나?

'모두'는 적신호다. '모두'와 같이 생각하고 '모두'와 같이 행동하면 안 된다. 달라야 한다. 삶의 패턴이 다르고, 공부하는 것도 다르고, 생각하는 것도 다르고, 말하는 것도 다르고, 행동하는 것도 달라야 한다.

지금 당장, 일어나서 잠들 때까지 당신의 하루 패턴을 글로 기록해보라. 아마 깜짝 놀랄 것이다. 만약 "대체 내가 하루를 왜 이렇게 보내고 있는 거지? 나보다 탁월한 사람들이 이미 넘치고 넘쳐나는데 왜 꼭 나여야 하지? 왜?"라는 생각이 든다면 뭔가를 바꿔야 한다는 신호다.

끊임없이 잽을 날린다

동생이 묻는다. "오빠는 왜 그렇게 후배들을 많이 도와주나요?"

나는 답한다. "내가 좋아서. 나는 후배들뿐만 아니라 내가 아는 모든 사람이 다 잘되었으면 좋겠어. 진심으로."

그들 모두는 내게 있어 끌어내리고 짓밟아야 할 경쟁자가 아니라, 서로 도우며 다 같이 잘 살아보자는 상생의 대상이다. 그들이 잘되는 것이 곧 내가 잘되는 것이요, 내가 잘되는 것이 곧 그들이 잘되는 것일 테다.

나는 열정을 가진 모든 사람에게 내가 가진 최소한의 힘이라도 보태고 싶다. 열정을 가진 자의 위력은 인생을 파죽지세

破竹之勢로 살아낼 수 있다는 데 있다. 파죽지세란 말은 원래《진서晉書》에 나온다. 진나라의 무제가 두예를 시켜 오나라를 공격하게 했을 때, 두예는 다음과 같은 말을 한다.

"지금 아군의 사기는 마치 '대나무를 쪼개는 기세'요. 대나무란 처음 두세 마디만 쪼개면 그다음부터는 칼날이 닿기만 해도 저절로 쪼개지는 법인데, 어찌 이런 절호의 기회를 버린단 말이오."

열정이란 바로 이런 것이다. 처음 두세 마디만 쪼개면 그다음부터는 칼날이 닿기만 해도 대나무가 저절로 쪼개지듯, 열정을 가지고 최초의 잽jap을 몇 번이 되었든 간에 날려야 한다. 잽을 날릴 수 있게 처음에만 도와주고 나면 그다음부터는 쉽다.

사람들에게는 저마다 인생의 본전이라는 게 있다. 실제 돈일 수도 있고, 사람과의 인연일 수도 있다. 사람들은 보편적으로 가진 게 많을수록 오히려 지금 가진 것을 잃는 게 두렵기 때문에 꽉 움켜쥐고 놓지 않으려 한다.

돌아보면 나는 내 인생의 본전이 적었던 게 얼마나 다행인지 모른다. 가진 게 적으니 잃는 걸 두려워하지 않았다. 지금도, 앞으로도 그렇게 살 것이다. 이 정도면 적은 본전 들이고 하고픈 거 다 해보고 잘 놀고, 잘 먹고, 잘 살았다. 그러니 후배들이 대나무의 처음 마디를 쪼개는 데, 최초의 잽을 내뻗는 데 조금의 도움이라도 주고 싶다.

자, 우리가 주사위를 던진다고 가정해보자. 어떤 숫자가 나올지, 아무도 알 수 없다. 우리는 6개 숫자에게 평등한 기회가 주어져 있다는 것을 이미 알고 있고, 따라서 특별히 어떤 숫자가 나올 이유가 없다는 걸 안다. 그러나 실제로 주사위를 던져보면 각 숫자가 정확히 평균 6분의 1로 나오지는 않는다. 그러나 여러 번 던지면 던질수록 점점 더 평균에 가까워진다. 이것을 '대수大數의 법칙'이라고 하는데, 많이 던질수록 평균이 된다는 것이다.

수학자 베르누이의 대수 법칙에 따르면, 주사위를 던져서 한 면이 나올 확률은 6분의 1이지만 10번 정도 던질 경우에는 확률이 그렇게 나오지 않는다. 대신 주사위 던지는 횟수를 100번, 1,000번으로 늘리면 확률은 점점 6분의 1에 다가간다. 우리의 인생도 마찬가지다. 끊임없이, 꾸준하게, 지속적으로 잽을 날리고 실천해야 한다. 임계점에 도달할 때까지.

복싱을 배워본 사람은 알 것이다. 복싱에서 모든 공격의 시작은 잽이다. 하여, 복싱 코치들은 다음과 같이 가르친다.

"잽이 승패를 좌우한다. 커다란 한 방만을 생각하지 말고 끊임없이 주먹을 뻗으며 시도하라."

훅이나 어퍼컷만 노릴 것이 아니라, 부지런히 잽을 날려서 기회를 만들어야 한다. 잽을 통하지 않은 훅이나 어퍼컷의 기회는 없다.

고양이처럼 살아보자

나는 얼마 전부터 고양이와 함께 살고 있다. 고양이는 크기만 작을 뿐, 호랑이를 닮은 동물이다. 할퀴고, 나무를 잘 타고, 밤에 돌아다니고, 육식을 하고, 몸이 부드러우며, 동작이 빠르고, 두려움이 없고, 높이 뛰어오르는 등 속성이 일치한다.

《주역》에서는 고양이, 호랑이의 성질을 '태兌(☱)'로 표현한다. 이것은 이를테면 연못을 상징하는데, 그릇도 연못과 닮았다. 연못은 물을 담고 있고 그릇도 무언가를 담는 데 쓰인다. 그러므로 담는다는 성질로 볼 때 상자, 가방, 주머니, 아기를 안고 있는 엄마의 품도 다 같은 뜻이다. 이 모두를 '태'로 표현한다.

우리의 마음은? 마음도 연못과 같다. 연못은 물을 담아놓고 넘치지 않게 한다. 침착한 사람도 같은 이치다. 평정은 바로 마음이 '태' 상태를 유지하는 것을 뜻한다. 무술의 달인이 가장 먼저 갖추어야 할 능력은 바로 평정이다. 넘치지 않는 법, 이것은 우리가 살아가는 데 매우 중요한 요소다.

자, 다시 고양이로 돌아가자. 고양이는 좀처럼 당황하는 법이 없고, 언제나 태평하고 침착하다. 사람도 연못 같은 사람, 즉 '태'인 사람은 생명력을 안에다 간직할 수 있으나 그렇지 못한 사람은 기운의 낭비가 심하다. 사고를 잘 치는 사람은 '태'의 기운이 부족한 경향이 있다.

고양이는 자존감의 화신이다. 고양이는 불러도 오지 않는다. 고양이는 다른 고양이를 부러워하지 않는다. 고양이는 자기를 오롯이 사랑할 줄 아는 존재이며 오직 현재에만 집중하며 산다. 매일 열심히 털을 그루밍하고, 똑같은 사료를 꼬박꼬박 먹고, 시원하게 똥을 누고 열심히 모래로 덮는다. 기분이 좋으면 우다다다 뛰어다니며 날렵함을 자랑한다. 고양이는 결코 우울해하지 않는다. 진정한 자존감과 행복을 나는 고양이에게서 발견한다.

우리 삶의 본질은 상처다. 삶은 상처투성이임을 인정하고 받아들여야 편하다. 똑같이 안 좋은 일을 당해도 어떤 사람은 상처를 입고 어떤 사람은 상처를 입지 않는다. 그 차이는 있는 그대로의 나를 사랑하는 마음, 즉 자존감에 달려 있다.

자신을 사랑하는 사람은 상처가 인생을 망치도록 내버려두지 않는다. 자존감이란 자신이 사랑받을 가치가 있는 소중한 존재임을 아는 마음이다. 1등이 아니어도, 빼어난 외모를 갖추지 못했어도 있는 그대로의 자신을 사랑하고 긍정할 수 있다면 건강한 자존감을 가졌다고 말할 수 있다.

한 독일 일간지에 영화배우 모건 프리먼의 인터뷰 기사가 실렸다. 내가 볼 때 모건 프리먼도 '태'의 기질을 가진 사람이다.

기자: 내가 당신에게 '니그로'라고 하면 무슨 일이 일어납니까?
프리먼: 아무 일도 일어나지 않아요. 당신이 나를 '니그로'라고 부르면 문제는 당신에게 있지 나한테 있는 게 아닙니다. 나는 관심을 끊어버림으로써 문제를 갖고 있는 당신을 혼자 내버려둘 겁니다.

'수처작주 입처개진隨處作主 立處皆眞', 즉 어느 장소에서든지 주체적일 수 있다면 그 서는 곳은 모두 참된 곳이다. 어디를 가나 주인이 되어야 한다. 고양이처럼. 오해하지 말자. 남을 지배하라는 게 아니라 내 삶의 주인이 되라는 말이다. 그렇게만 된다면 어떤 일이 닥친다 해도 능히 헤쳐나갈 수 있을 것이다.

혼자서는 행복하지 않음을 깨닫는다

━━━━━

영화 〈나는 전설이다〉를 본 적이 있는가? 폐허가 되어 아무도 없는 도시에서 로버트 네빌은 혼자 살아간다. 소유의 관점에서 해석하자면, 영화에서 그는 어쨌든 모든 도시를 소유하게 되었으나 결코 행복하지 않다. 빌딩도 차도 도시에 존재하는 그 무엇이라도 가질 수 있으나 행복하지는 않다. 혼자니까.

가장 기억에 남는 부분은 비디오 대여점에서 그가 마네킹과 대화하는 장면이다. 사람은 사회적 존재다. 혼자서 잘난 사람도 없고 혼자서는 행복할 수도 없다.

사람은 다른 사람과의 관계없이 혼자서는 결코 행복할 수 없다. 우리는 다른 사람들과 상생의 조화를 이루는 바로 그 순간이 행복의 출발점임을 알아야 한다. 아무리 많이 가지고 앞서나가도 나를 아끼고 염려하는 사람이 없다면, 나와 진심으로 사랑을 나누는 사람이 없다면, 행복은 없다.

상생을 위해서는 기본적으로 사랑이 있어야 하는데, 우리는 사랑을 잃어버렸다. 오늘날 지구촌 곳곳에서는 걷잡을 수 없는 환경 파괴와 더불어 인류가 서로 해치는 광경을 쉽게 목격할 수 있다. 초미세먼지의 습격에 마스크 없이는 외출하기도 힘들고, 인공지능 알파고가 등장한 최첨단 시대에도 아직 전쟁과 가난과 질병이 공존하고 있다.

'당신이 있기에 내가 있다'는 참 아름다운 말이다. 그러한 상생의 원리에 기초하여 다른 사람을 위해 나누고 봉사하며, 후손을 위해 자연과 세상을 더욱 아름답고 살기 좋은 곳으로 가꾸려는 노력을 하지 않으면 머지않아 우리는 함께 궤멸할지도 모를 일이다.

평생 불로초를 찾아다녔던 사람, 진시황. 그는 고작 50년도 못 살고 생을 마감했다. 사람은 아무리 돈이 많고 권력이 대단해도 결국 마지막에는 죽음을 피해 갈 수 없다. 이 세상에서 반론의 여지가 없는 가장 완벽한 진리는, 바로 '모든 것에는 끝이 있다'라는 사실밖에 없다. 사람은 태어나는 순간부터 끝없이 죽음을 향해 한 발 한 발 걸어가는 아이러니한 존재다. 우리에게 주어진 생이 무한하지 않기에 생을 기쁘고 행복하게 열어갈 필요가 있는데, 그러기 위해서는 나 자신, 가족, 친구, 동료, 국민, 나아가 전 인류에 대한 사랑을 회복해야 한다.

사람들은 보통 남을 돕는다고 하면 "그거 성공한 사람들만 하는 거 아냐? 난 여유가 없어서 그런 거 못 해"라고 말하고는 한다. 그러나 '무재칠시', 즉 가진 재물이 없어도 남에게 베풀 수 있는 일곱 가지도 있다. 《잡보장경》에는 반드시 재물이 아니어도 마음으로 베푸는 법이 나온다.

하나는 부드럽고 따뜻한 눈빛인 '안시'다. 둘은 자비로운 미소로 사람을 대하는 '화안열색시'다. 셋은 공손하고 아름다운 말로 남을 대하는 '언사시'다. 넷은 몸가짐을 바르게 하여 사람을 대하고 노력으로 남을 도우라는 '신시'다. 다섯은 어진 마음으로 사람을 대하는 '심시'이며, 여섯은 자리든 순서든 양보를 하라고 가르치는 '상좌시', 마지막은 굳이 묻지 말고 헤아려 도와주는 '찰시'다. 이 일곱 가지만으로도 기쁜 일에나 슬픈 일에나 마음을 나누고 봉사하며 사랑을 회복하기에 충분하다. 행복은 바로 거기에 있다.

춘추전국시대의 묵자도 이런 고민을 했나 보다. 그는 "세상 사람들은 누구도 서로 사랑하지 않으며, 강자는 약자를 억압하고, 다수는 소수자를 겁박하고, 부자는 가난한 사람을 업신여기고, 귀족은 천한 사람에게 오만하고, 간사한 사람은 어리석은 사람을 속인다"며 세상은 원한으로 가득 차 있음을 말했다. 그 궁극적 원인은 바로 서로 사랑하지 않기 때문이라는 것이 묵자의 결론이었다. 따라서 예나 지금이나 근본적 해결 방법은 세상 사람들이 서로 차별 없이 사랑하는 것이다. 이것이 바로 묵자의 '겸애' 사상이고, 지금 우리에게도 겸애가 절실히 필요하다.

남 탓 하지 않는다

━━━━

　　자기 자신을 아는 일, 그것만큼 어려운 일도 없
다. 어떤 사건의 원인을 남에게서 찾지 않고 자신에게서 찾는
사람, '모든 것은 내 탓이오'라고 인정할 줄 아는 사람만이 진
정 성숙한 사람이다. 수많은 제자에게 '보이는 존재'인 사람이
라면, 더더욱 무거운 의무감을 갖고 자신을 돌아볼 줄 아는 사
람이 되려 노력해야 한다. 말이 많은 사람, 특히 모든 문장의
말미에 "그런데요 형님……", "그런데요 선생님……" 류의 변
명과 방어가 난무하는 대화는 내게 참으로 반갑지 않다.

　소인배는 자신을 방어하는 일에 길들여져 있다. 그들은 부
정, 회피, 자기 합리화의 방어기제와 그럴듯한 변명의 달인이

다. 남의 탓을 하는 것은, 행동의 그릇됨에서 느끼는 불편한 죄책감을 벗어던지기 위한 하나의 방어기제라고 할 수 있다.

성숙해지기 위해서는 내 안에 있는 것들을 깊이 들여다봐야 한다. 어떤 일이 잘못됐거나 자신에게 불리할 때 다른 사람의 탓으로 돌리는 것은 비겁하고, 어리석은 짓이다. 모든 원인과 결과는 내 안에 있으므로 모든 것을 내 탓으로 돌려야 한다. 언제나 자신을 돌아보는 마음을 잃지 않는 것, 이것이야말로 '무지의 지'를 벗어날 수 있는 길이며, 바로 그것이 성찰이다.

'반구저기反求諸己'가 바로 그런 말이다. '일어난 결과와 상황에 대해 책임을 지고 그 원인과 잘못을 스스로에게서 찾아 새로운 모색을 한다.' 이 말은 《맹자》〈이루 상〉편과 〈공손추〉편, 《논어》〈위령공〉편, 《중용》 등에 여러 번 나온다.

"행하여도 얻지 못하거든 스스로에게서 그 잘못을 찾아라. 자신의 몸가짐이 바르면 세상이 내게로 돌아올 것이다."

"어질다는 것은 활을 쏘는 것과 같다. 활을 쏘는 사람은 쏜 화살이 과녁을 바로 맞히지 못해도 자신을 이긴 사람을 원망하지 않고 그 원인을 스스로에게서 찾을 뿐이다."

"군자는 허물과 잘못을 스스로에게서 찾고 소인은 허물과 잘못을 다른 사람에게서 찾는다."

1931년 흉악한 살인범인 '쌍권총 크로울리'가 사형선고를 받고 전
기의자에 앉게 되었을 때, 그는 과연 '수많은 사람들을 죽였으니
내가 이렇게 된 것도 모두 내탓이지'라고 생각하며 참회했을까?
결코 그렇지 않았다. 크로울리의 마지막 말은 "억울하게 이런 꼴을
당하다니!"였다. 과거 미국을 공포의 도가니로 몰아넣었던 흉악한
'알 카포네'도 자기 자신을 악한 자라고 생각지 않았다.

제대로 된 사람들은 남의 탓을 하지 않는다. 자신을 잘 알기 때문
이다. 남을 탓한다고 해서 자신의 잘못과 허물이 덮어지는 것은 아
니다. 학식과 덕행이 높고 깊은 군자는 어떤 일의 원인과 결과를
스스로에게서 찾고 그 책임 또한 스스로 진다. 그러나 마음이 좁고
비천한 소인배는 어떤 일의 원인과 결과를 모두 다른 사람의 탓으
로 돌린다. 이렇게 하면 자신의 잘못과 허물을 찾을 수 없음이 자
명하다. 모든 게 내 탓일 뿐이다.

하지 않은 일을 만들지 않는다

"연봉은 스트레스에 비례한다"라는 말이 있다. 과도한 업무 시간과 업무량, 업무 강도는 고스란히 스트레스로 이어진다. 고소득 전문직 종사자들의 실상은 어떤가? 통장에는 돈이 쌓일지언정 본인은 온종일 육체적으로, 정신적으로 피폐해지기 일쑤다. '사는 게 이래서야 되겠나' 싶어 심각한 회의에 빠지는 경우도 많다.

아침부터 밤까지 일한 뒤 자정이 가까운 시각에 회사로 복귀해 그날 작업한 내용을 정리하는 사람들, 결산 시즌이 되면 새벽에 집에 들어갔다가 두세 시간 뒤에 출근하는 일이 반복되는 사람들, 가족과 함께 저녁시간을 보낼 수도 없고 친구들을 만나 어울릴 수도 없는 사람들, 일 관계자들과 새벽부터 술을 마시고 아침에 집에 들어가는 생활을 반복하는 사람들.

연봉이 높은 직업이나 직장에서 일하는 사람은 대개 일주일을 '월화수목금금금'으로 보내야 하는 경우가 많다. 새벽에 퇴근했다가 새벽에 출근하는 일이 다반사이고 점심을 패스트푸드로 때우며 식사시간을 쪼개 일하는 날도 허다하다.

미국의 한 로펌에서는 변호사를 뽑을 때 사장이 그의 부인을 만난다고 한다.

"지금부터 내가 하는 말에 동의하면 우리 회사가 당신 남편을 채용할 것입니다. 남편을 포기하십시오. 앞으로 당신 남편은 1년의 절반은 해외에 출장 나가 있을 것이고, 나머지 반년의 절반은 야근을 하고 있을 것이고, 남은 절반은 업계 인사들과 함께 있을 것입니다. 당신이 남편과 함께하는 삶을 포기하면 좋은 집과 차를 제공하고 평생 돈 문제로 걱정하지 않게 해줄 수 있습니다. 동의하시겠습니까?"

기형도 시인의 〈질투는 나의 힘〉의 마지막 두 줄은 그야말로 엄청난 파괴력을 지니고 있다.

"나의 생은 미친 듯이 사랑을 찾아 헤매었으나
단 한 번도 스스로를 사랑하지 않았노라"

그렇다. 우린 늘 나 자신은 사랑하지 않은 채 미친듯이 사랑을 찾아헤맨다. 자신은 돌보지 않은 채 타인의 눈치만 보다 시간을 다 보낸다. 우리 생은 참으로 짧다. 그나마 정해진 삶을 고스란히 다 사는 경우야 좀 낫겠지만 우리가 언제, 어디에서 이 삶을 마감하게 될지는 아무도 모른다. 생의 막바지에 다다르면 그동안 했던 일보다 하지 않은(하고 싶었으나 미처 못 한) 일들로 인해 후회할 거라고 하지 않는가.

예전에야 입에 풀칠이라도 하기 위해 생계를 책임져주는 직장이 최고의 가치였지만, 이제는 여가생활도 중요하고 가족과 함께하는 시간도, 자아를 찾아가는 일도 매우 중요하다. 우리나라는 지난 20여 년간 뼈 빠지게 일해서 몇 배로 부자가 됐는데 행복지수는 여전히 제자리걸음이다. 당신의 행복지수는 어느 정도인가?

늘 자신을 의심해본다

'과전불납리 이하부정관瓜田不納履 李下不整冠'이라. 오이가 익은 밭에 앉아 신발을 고쳐 신으면 마치 오이를 따는 것같이 보이고, 오얏(자두)이 익은 나무 아래서 손을 들어 관을 고쳐 쓰려고 하면 오얏을 따는 것같이 보이니 남에게 의심받을 짓은 삼가라는 뜻이다.

그 옛날 《초한지》속의 항우에게서 우리는 큰 교훈 하나를 발견할 수 있다. '역발산기개세'의 장수 항우는 유방의 군대에 쫓겨 동성 땅에 이르렀는데, 그의 휘하에 겨우 28기의 기병만이 남았고, 그 뒤를 쫓는 유방의 군대는 수천 기에 달했다. 도저히 유방의 군대로부터 벗어날 수 없다고 판단한 항우는 어이없게도 다음과 같은 멘트를 날린다.

"나는 패배를 몰랐고 천하 제패의 꿈을 거의 이룰 수 있었다. 그러나 지금 이곳에서 곤경에 처했으니, 이는 하늘이 나를 버린 것이지 내가 전쟁을 못 한 것이 아니다."

이는 자기 합리화의 전형이며, 인지부조화의 대표적인 예다. 마치《이솝우화》의 '여우와 신포도'를 보는 듯하다.

항우는 막다른 길에 몰리면서도 자신을 돌아보는 일은 하지 않았다. 자신이 왜 패하고 말았는지를 생각하면서 자신의 잘못은 없었는지, 자신이 무엇이 모자랐는지를 생각해 그것을 보완하고 고쳐나갈 방법을 찾기보다는 자신의 패배를 하늘의 탓으로만 돌린 것이다.

사람들이 위기에 처했을 때 취하는 태도는 크게 두 가지로 나뉜다. 어떤 사람은 위기와 실패의 원인을 먼저 자신 안에서 찾으려고 한다. 냉정하게 자신의 실책이나 부족했던 부분을 찾아 반성하고, 문제점을 개선해서 재도약의 기반으로 삼는다. 이에 반해 어떤 사람은 위기와 실패의 원인을 모두 외부 환경 탓으로 돌린다. "운이 나빴다"라고 하며 한탄하거나 항우처럼 하늘을 탓하면서, 자기 자신을 돌아보는 일만은 끝내

하지 않는다.

평상시에도 마찬가지지만 특히 위기의 순간이 오면 먼저 자신을 돌아볼 수 있어야 한다. 그다음 주변 환경에 눈을 돌려 상황을 개선해나가는 것이 좋다. 군자는 일이 잘못되면 원인을 자신에게서 찾고 소인은 남의 탓을 한다고 하지 않는가.

《채근담》에는 "일을 계획하는 사람은 몸을 그 일 밖에 두어 마땅히 이해의 사정을 모두 살펴야 한다"라는 말이 실려 있다. 냉철하고 객관적인 마음으로 거리를 두고 판단을 하라는 말이다. 사람들은 누구나 자기 자신을 되돌아볼 때는 시야가 좁아지고 마음이 흐려지게 마련이며 객관적인 시각을 가지기가 힘들기 때문이다. 그래서 '사람들은 자기 자식의 악함을 알지 못하고, 자기 논의 싹이 자란 것은 알지 못한다'라는 말이 있는 것이다.

말과 행동이 다른 이중적 모습으로는 그 누구의 마음도 움직일 수 없다. 《논어》에는 "먼저 실천하고 그 다음에 말하라"라는 공자의 가르침이 실려 있다. 제자인 자공이 은근히 자신의 말하기 능력을 뽐내며 군자의 자격을 묻자, 공자가 꾸짖음을 담아 가르친 말이다. '지행합일知行合一'은 지식과 행동이 하나로 맞아야 한다는 양명학의 명제로 우리나라에서도 율곡 이이의 주장으로도 잘 알려져 있다. 그런데 공자는 지행합일의 단계를 넘어 먼저 행동하고 말을 하라고 한다. 그만큼 말은 쉽고 실천은 어렵다는 말이다.

한 발만 더 나가본다

그동안 나는 많은 제자들을 가르쳐왔다. 열 손가락 깨물어 안 아픈 손가락 없다지만, 그 제자들 중 유독 아픈 손가락이 하나 있다. 대학원을 졸업했음에도 고향을 등지고 모든 것을 뒤로한 채, 남들보다 늦은 나이에 전공과는 전혀 상관없는 음악의 길로 들어선 제자. 그 제자가 탁월한 재능이 없다는 건 어떻게 보면 오히려 다행일 수 있다.

만화가 야나세 다카시는 〈호빵맨〉 시리즈의 원작자다. 과거에는 디자이너, 무대 미술가, 연출가, 사회자, 카피라이터, 작곡가, 시나리오 작가 등 다양한 분야에서 일했다. 야나세 다카시가 〈호빵맨〉을 그린 건 늦은 나이인 54세 때였고 그나마도 반응을 얻기 시작한 것은 60세가 넘어서였다고 하니, 그의 인생은 길고도 긴 무명생활과 절망이라는 터널 속에 있었다고 해도 과언이 아니다.

책을 출판했을 당시 출판사는 "이런 그림은 이번으로 끝내세요"라고 했다고 한다. 부모들은 호빵맨이 굶주린 사람에게 얼굴을 먹이는 장면이 잔인하다며 크게 반발했고, 전문가들도 심하게 혹평했다. 그러나 야나세는 의지를 꺾지 않았다. 그가 가장 그리고 싶었던 장면이 바로 호빵맨이 배고픈 아이에게 얼굴을 먹이는 장면이었다고 한다. '남을 도우려 한다면 나도 상처받기를 각오해야 해. 나를 희생할 각오가 없는데 어떻게 정의를 실현할 수 있겠어'라는 게 그의 생각이었다.

어른들은 호빵맨을 싫어했지만 아이들은 호빵맨을 정말로 좋아했고, 그것이 야나세 다카시의 성공의 비결이었다. 그가 절망의 순간을 극복할 수 있었던 건 대선배 만화가의 한마디였다고 한다.

"낙심하는 자네 마음을 모르는 바는 아니지만 인생이란 말이지, 한 발만 더 나가면 바로 빛이라네. 도중에 관두면 그걸로 끝이야."

지금은 고인이 된 야나세 다카시는 이런 말을 남겼다.

"나는 무슨 일을 해도 느리고, 머리도 나빠서 보통 사람들이 3일이면 아는 것을 30년 걸려서야 간신히 알게 될 때도 있습니다. 호빵맨도, 그림도, 그렇게 천천히 조금씩 해왔습니다. 세월이 지나고 보니 발자취가 만들어져 있더군요. 저보다 훨씬 빨리 출세했던 사람들이 어느덧 은퇴를 하는 걸 보니 내가 아주 탁월한 재능을 타고 나지 않아 오히려 다행이라는 생각이 듭니다."

작가 파울로 코엘료는 정신병원을 세 차례나 드나들며 불우한 10대를 보냈다. 20대 때는 만화 잡지를 창간했다가 군사정부의 미움을 사 두 차례나 수감되기도 했다. 그러다 40대가 되자 장장 700킬로미터에 이르는 스페인 순례길에 나섰는데 이것이 삶의 전환점이 되었다. 그때의 경험을 살려 《순례자》와 《연금술사》 등을 잇달아 발표하면서 세계적인 작가로 우뚝 서게 된 것이다.

'소년등과에 패가망신', '진예자, 기퇴속'이라는 옛말들은 하나같이 "나아가는 것이 빠른 자는 그 물러남도 빠르다"라며 빨리 감을 경계했다. 크든 작든 성공에 이르는 위대한 비결은 오로지 꾸준함에 있다. 롱런하는 사람들은 크고 작은 결과에 결코 미련을 두지 않으며 결과가 아니라 과정을 중시한다.

정점에 도달하면 내려올 일밖에 남지 않고, 반대로 최저점으로 추락하면 올라갈 일만 남게 된다. 조급하게 생각하지 말고 남과 비교하려 하지 말자. 무리하지 말고 내 페이스대로 결승점을 향해 달려가면 되는 거다. 정상은 바닥부터 올라갈 때 더 큰 가치가 있다.

말은 칼이니, 입을 조심한다

우리는 폭력적이다. 우리가 신체를 가진, 육화된 존재인 한 폭력은 필연적이다. 우리는 누구나 순진무구하다고 여기며 살지만, 사실은 다양한 폭력 중에 하나를 선택할 뿐이다. 우리는 살아있다는 이유만으로 무언가를 지속적으로 파괴하며 살아간다. 다만 어떤 폭력을 선택하느냐의 개인적 차이만 있을 뿐이다.

멀리 볼 것 없이 지금 당장 우리 입으로 들어가는 것만 봐도 그렇다. 무자비한 살해의 잔해들이 끔찍한 경로를 거쳐 우리의 식탁에 오른다. 우리는 흔히 푸른 초원에서 소떼가 한가로이 풀을 뜯고 있는 목장의 이미지를 떠올리겠지만 그러한 모습은 현대에는 사라진 지 오래다. 소나 돼지들은 오직 더 많은 고기 생산을 위해 운동은커녕 좁은 곳에서 움직임을 제한당한 채, 특수 사료(또는 유전자 변형 사료)를 먹여 엄청난 규모의 비육장에서 판매용 고기 상품으로 제조된다. 푸른 초원 대신 똥 무더기 위에서 사육된다. 그들은 끊임없는 고통 속에 산다. 도축되는 과정은 공포 그 자체다. 차마 눈 뜨고 보기 어려운 잔혹한 장면이 연출된다. '가축 대학살'의 주범, 인간. 어떻게 인간이 폭력적이지 않다고 할 수 있겠는가. 동물들이 느낄 공포나 두려움, 아픔이나 고통은 인간이 느끼는 그것과 똑같다.

나는 안도현의 〈스며드는 것〉이라는 시를 알고부터는 간장게장을 먹을 수가 없다. 게장은 살아있을 때 담근다는 거, 미처 몰랐기에 이 시는 내게 충격이었다.

꽃게가 간장 속에
반쯤 몸을 담그고 엎드려 있다
등판에 간장이 울컥울컥 쏟아질 때
꽃게는 뱃속의 알을 껴안으려고
꿈틀거리다가 더 낮게

더 바닥 쪽으로 웅크렸으리라

버둥거렸으리라 버둥거리다가

어찌 할 수 없어서

살 속으로 스며드는 것을

한때의 어스름을

꽃게는 천천히 받아들였으리라

껍질이 먹먹해지기 전에

가만히 알들에게 말했으리라

저녁이야

불 끄고 잘 시간이야

이렇듯 폭력적인 존재인 인간. 그중에서도 '말'은 인간이 선택할 수 있는 가장 폭력적인 수단이다. "화살은 심장을 관통하지만 매정한 말은 영혼을 관통한다"라는 스페인 격언이 있다. 칼로 인한 상처는 흉은 지더라도 아물지만, 말로 인한 상처는 칼이 아니라 뽑을 수가 없다.

모든 인간관계의 병폐는 말, 즉 입에서 출발한다. 차라리 말을 하지 않고 있으면 중간이라도 간다. 프로이트의 정신분석학에서는 이런 것을 '구강가학적'이라고 하는데, 그런 사람들은 입을 통해 얻는 쾌락에 집착하고 또 그럴수록 공격적으로 되기가 쉽다. 그래서 '듣는 것'이 중요하다. 듣는 것은 사랑이란 개념이 결여되어 있으면 힘들다. '듣는다'는 것은 그것을, 또는 그 사람을 사랑하는 감정이 없다면 불가능하다. 사랑하면 듣게 되니까, 그래서 사랑하면 알게 되니까. 그게 바로 철학이다.

철학, Philosophy. Philos와 Sophos가 합쳐진 말. 앎(지혜)을 사랑한다는 말이 되겠다. 또는 '사랑하여 알게 된다'는 뜻도 되겠다. 한자로 풀어 보아도 비슷하다. 철학에 등장하는 철哲은 '밝다, 슬기롭다, 알다'라는 뜻이다. 이는 사리를 헤아릴 줄 아는 힘, 곧 지혜를 뜻하는 말이다. 그 뒤에 알지 못한다는 한자말인 '부지不知'가 붙으면 무엇이 옳고 그른지 판단하지 못하는 사람을 일컫는 '철부지'가 된다(계절 즉, 절기를 모른다는 뜻으로 '절부지→철부지'로 변화되었다는 해석도 있는데 그 해석은 그닥 나에게 다가오지 않는다).

더 나아가면 철학이란 우리의 눈앞에 보이는 현상이 아닌, 현상 배후에 있는 실체적 본질을 비판적으로 인식하는 것이다. 철학이라는 것은 '사랑하기 때문에 듣게 되고, 듣게 되어 알게 된다'는 것이다.
말을 조심해야 한다. 나부터 조심해야겠다고 뉘우치고 성찰하며
매 순간 의식하고 살겠다.

'다르다'와 '틀리다'를 구분한다

주말에 친구, 선배 등 다양한 사람들을 만났다. 몇 개의 공통된 질문이 있었는데 역시 다들 예상하는 그거다.

"결혼은 언제 할 거니?"

"평생 애 안 낳고 살 거야?"

그나마 이제는 어느 정도 자리를 잡았다고 판단되어선지 내가 하는 일에 대해선 별말이 없다. 어쨌든 감사한 질문이다. 그들이 나를 생각하고 있고 걱정해준다는 것은 태생적으로 외로울 수밖에 없는 인간의 삶에서 큰 힘이 되어준다.

나는 실수를 통해 많은 것을 배웠다. 돌이켜보면, 난 참 많이 싸우며 살았다. 불같은 언쟁, 치고받는 육박전은 기본이요 싸우다가 얼마나 심하게 고함을 질러댔는지 성대가 찢어져 성대 결절 수술까지 받은 적이 있으니 말 다했다.

나는 이제 더는 싸우지 않는다. 더 정확하게 말하자면 이젠 싸우지 않고 살려고 최대한 노력하며 산다. 그간 숱한 싸움을 하며 깨우친 바는 '결코 상대방은 변하지 않는다'다. 인간은 손톱을 뽑아내는 고문을 당해도 설사 허위 진술은 할 수 있을지언정, 머릿속 깊숙이 자리한 본질적인 생각은 여간해선 바뀌지 않는 존재다. 그걸 억지로 바꾸려 하고 설복시키려 하다 보니 어찌 싸움이 나지 않을 수가 있으랴.

이제는 누구를 만나든 그러려니 하고 넘긴다. 그 사람을 무시한다는 게 아니라 타인을, 타인이 가진 생각을 인정하고 배려하는 데 익숙해져간다고 표현하는 게 맞겠다.

가진 것에 대한 칭찬이 아닌 갖지 못한 것에 대한 질타, 곧 천편일률적 교육을 받은 우리는 '다름'을 인정하는 데 익숙하지 못하다. 보편적인 누군가와 다른 내 모습은 괴짜가 된다. 생김새도 다르고 생각도 다르고 삶의 지향점도 다른데 똑같이 살아야 옳다고 한다. 다른 사람은 어떤 차를 타는지, 얼마나 큰 집에 사는지 끊임없이 눈치를 보고 뒤돌아본다.

'다르다'와 '틀리다'는 다르다. 다른 건 different고 틀린 건 wrong이다. 내 생각이 다른 것이지 내 생각이 틀린 것은 아니다. 말부터 제대로 해야 한다. 말이 사고를 지배하고 말이 인생을 지배한다. 저 두 개의 표현들을 계속 틀리는 과정에서 어느 틈에 '나와 다른 건 틀리다'라고 생각하기 쉽다.

작년부터 친한 친구들 몇 명이서 저 표현을 틀릴 때마다 벌금 내기를 했었는데, 이제는 아무도 틀리지 않는다. 두 표현을 완벽하게 구분할 뿐만 아니라 그 과정에서 그들의 생각도 조금씩 변화하는 느낌이 들었음은 물론이다.

20대를 넘어서면 우리는 결혼이라는 프레임을 접하게 된다. 그다음으로는 자연스럽게 임신과 출산의 프레임으로 넘어간다. 그다음 30~40대 남자라면 회사에서 과장 또는 그 이상 되어 있어야 하고, 부인과 아이들 한둘쯤 있는 집안의 가장이어야 하는 프레임이 등장한다. 만약 그런 프레임들로부터 조금이라도 벗어나 있다면 호기심 내지 걱정에 찬 시선을 받게 된다. 모두들 일정한 틀을 만들고 그 틀의 형태에 자신을 맞추며 살아가는데, 나같은 사람은 이상한 사람이 된다. 틀 속에 산다는 것은 안정감을 느낄 수도 있겠지만, 반대로 틀 밖의 세상을 경험하지 못한다는 말도 된다. 그래서 그만큼의 다양성을 빼앗긴다는 말도 된다.

가끔은 틀을 벗어난 생각을 하는 사람도 있어야 하지 않겠는가. 꼭 벤틀리 뒷좌석에 앉아야만 성공한 인생인가. 대기업에 들어가기 위해, 임원이 되기 위해, 아파트 평수를 늘리기 위해 지금 당장의 행복을 유보하는 삶. 그러고 나면 어느덧 노년이 된다. 지금 이 순간, 현재에 의미를 부여하지 않으면 행복은 삶이 끝나갈 때나 찾게 된다.

자존自尊, '스스로 자自'에 '중할 존尊.' 나는 나를 중히 여긴다. 자존이 있는 사람이 되면 세상만사로부터 행복을 발견한다. 스치고 지나가는 게 아니라 발견한다. 유한한 생명체인 나는 언젠가는 죽을 것이니 살아있는 지금 이 순간을 소중히 하게 되고, 그러니 지금 내가 처한 나의 운명을 사랑한다. 그들이 어떻게 생각하든, 내가 사는 방식은 이런 것이다. 자존.

인생에 정답이란 없다. 모든 선택에는 정답과 오답이 공존한다. 선택한 다음에 그걸 정답으로 만들어가는 과정이 있을 뿐이다. 모든 인생은 모두 하나의 소설이다. 모든 인생은 다 각자의 스토리텔링이 있고, 모두 한 편의 영화며, 한 곡의 노래다.

1992년에 진주에서 락그룹 한다고 찢어진 청바지를 입고 다녔더니 사람들이 나를 동물원의 원숭이 쳐다보듯 했었다. 그 시선을 나는 아직도 기억하고 있다. 전 세계에는 70억의 완전히 다른 사람들이 살고 있다.

실패도 상실도 내 삶이다

다음 주면 잠실 구장에서 기다리고 기다리던 롯데 경기를 볼 수 있다. 기존에는 예매 시작과 동시에 응원석이나 테이블석을 노렸지만 그때마다 번번이 실패했었다. 그러나 이젠 눈높이를 낮춰 외야표를 예매하다보니 실패하는 일이 없다. 외야에 나만의 명당 자리가 있기에 테이블석도 필요 없다.

실패. 실패라는 단어 앞에 올 수 있는 수식어는 합격, 연애, 결혼, 사업, 협상, 설득, 관리 등 참으로 다양하다. 그닥 반가운 단어는 아니지만 그만큼 우리 곁에 늘 가까이 자리하고 있는 녀석. 애써 외면하지 말자. 실패도 소중한 우리 삶의 일부다.

아프리카 최고의 사냥꾼은 리카온(아프리카 들개)이라고 한다. 리카온의 사냥 성공률은 40~70퍼센트이며 사냥에 실패하면 리카온 무리는 굶어야 한다. 그러나 그들에게 좌절 따위 없다. 성공과 실패 모두 그들에겐 그저 일상일 뿐이다. 그게 중요하다. 그들은 다시 사냥에 나설 것이고 언젠가는 반드시 성공할 것이기 때문이다. 그들은 아무렇지도 않은 듯 다시 사냥을 시작하지만 우리는 실패와 동시에 좌절감과 무기력에 빠져들기 시작하는 경우가 허다하다.

괴테는 사랑해선 안 될 사람인 친구의 약혼녀를 사랑하게 되자 절망했다. 고통으로 괴로워하던 괴테는 그녀의 결혼 소식을 접하자 남은 생을 끊어버리고 싶은 충동에 사로잡혔다. 그러나 차마 용기가 없었던 그는 4주 동안 틀어박힌 채 이 비극적인 사랑의 이야기를《젊은 베르테르의 슬픔》이란 책으로 써냈다. 이 책은 뼈저린 상실을 경험해본 자만이 술술 읽힌다. 책이 출판되었을 때 유럽에선 베르테르 열풍이 일어 젊은이들이 앞다투어 베르테르의 복장을 하고 다닐 정도였다.《돈키호테》역시 세르반테스가 팔이 부러진 상태로 감옥에 갇혀 있었을 때 완성한 작품이다.

'승패는 병가지상사'라는 말이 있듯이, 삶에서 실패를 피할 수는 없다. 지략가이자 병법의 대가였던 제갈량도 패했고, 전쟁터를 종횡무진 누볐던 나폴레옹도 결국 패배했다.

이쯤에서 맹자의 말을 한번 곱씹어 보자.

"하늘이 장차 큰 임무를 내리려 할 때에는 반드시 먼저 그 심지를 지치게 하고 뼈마디를 수고롭게 하며 몸을 굶주리게 하고 생활은 빈궁에 빠뜨려 하는 일마다 어지럽게 한다. 이는 그의 마음을 두들겨서 참을성을 길러주어 지금까지 할 수 없었던 일도 할 수 있게 하기 위함이다."

맹자의 말처럼 우리는 시련과 역경을 통해 한 단계 더 성장한다. 와신상담, 절치부심은 그냥 만들어진 말들이 아니다.

기린은 황량하게 마른 나무에 나뭇잎이 없는 것을 봤을 때, 절망하며 울지 않는다. 대신 먹을 수 있는 나뭇잎을 찾을 때까지 이 나무, 저 나무 가서 확인해본다. 누구나 사업 실패, 가정 붕괴 등 비극이라고 불릴 만한 좌절을 경험한다. 이런 역경 속에 무너져내리는 사람들도 있지만, 그것들이 삶을 무너뜨리는 것이 아니라 풍요롭게 해준다고 생각하면, 그로 인한 상처를 더 빨리 아물게 할 수 있다.

하루키 원작의 《노르웨이의 숲》은 원제목 그대로 애초 국내 출간되었지만, 반응은 뜨겁지 않았다. 1989년 제목을 《상실의 시대》로 바꿔 냈고, 이후 최근까지 베스트셀러를 기록했다. 그만큼 '상실'의 키워드는 우리를 깊게 파고든다.

어떤 면에서든 우리 인생에 상실은 불가피하다. 지금 당신 옆에 있는 사람이, 가족이, 친구가 영원할 것 같은가? 영원하지 않기에 곁에 있는 지금 이 순간이 소중한 것이다. 유한한 존재인 우리에겐 영원한 사랑도, 영원한 삶도 없다. 상실은 삶에 대한 대가다. 동시에 성장과 또 다른 시작의 발판이 되기도 한다. 훗날 큰 의미가 되고 지금의 우리를 만드는 것은 삶의 힘든 시기다. 성공하고, 풍요롭고, 가치 있고, 만족과 성취를 이룬 삶을 산 사람들은 인생의 극도의 좌절을 맛본 사람들인 경우가 많다.

되도록 좋아하는 일만 한다

직장인, 샐러리맨, 한마디로 하면 피고용인. 어딘가에 고용되어 있어 조직의 지시를 따라야 하는 숙명을 가진 이들. 그나마 좋은 고용인을 만났을 땐 견딜 만하나, 수정과의 잣 같은 고용인을 만난다면 그야말로 지옥, 헬게이트 오픈이다. 자기가 하고 싶은 대로 사는 것은 '주인'이요, 남이 원하는 대로 사는 것을 우리는 '노예'라 정의한다.

좋은 고용인을 선택하는 방법에는 세 가지가 있다.

첫째, 돈을 많이 주는 고용인. 우리가 일을 하는 가장 큰 목적 중 하나가 밥벌이니만큼, 많은 돈을 주는 고용인은 그 일의 성격이나 고용의 형태와 상관없이 많은 피고용인의 선호 대상이다.

둘째, 자기가 잘하는 일을 할 수 있도록 장려하는 고용인. 잘하는 일을 하면 궁극적으로 그 일의 전문가가 될 가능성이 높다. 결국 연봉과 직급도 함께 올라갈 개연성이 크기 때문에 장기적인 관점에서 주목할 만하다.

마지막, 자기가 좋아하는 일을 선택하는 것. 잘하는 것과 좋아하는 것은 전혀 다른 이야기다. 전혀 끼와 자질이 보이지 않지만 연예인이 되기 위해 많은 오디션에 참가하는 사람의 경우, 잘하는 것과 좋아하는 것이 다름을 보여주는 대표적인 사례다. 자기가 좋아하는 일을 할 수 있는 회사를 찾으면 꿈을 키운다는 것만으로도 피고용인의 만족도가 높아질 수 있다.

위에 열거한 사항 중, 적어도 한 가지에 해당되는 사람은 비교적 행복한 편일 것이다. 그러나 불행히도 대한민국 피고용인 중 대다수는 그 세 가지 중 어느 한 가지에도 속하지 않는 경우가 많다. 돈을 많이 주지도 않는 회사에서 자기가 잘하지도, 즐겁지도 않은 일을 하며 살아간다. 국민소득 2만 달러를 돌파하고 OECD 국가로서 당당히 세계경제사에 등장한 대한민국의 단면은 바로 이런 것이다. 경제의 거시지표는 좋으나 체감지수는 낮다.

프로이트는 인간의 정신 건강을 나타내는 지표로 '일할 수 있는 능력'과 '사랑할 수 있는 능력'을 꼽았다. 우리는 일과 사랑이 적절히 균형을 이루고 있을 때 안정감과 행복감을 느낀다. 톨스토이 역시 인간은 자기 일에 몰두할 때 행복할 수 있다고 설파했다.

최악의 시나리오는 당신이 하는 일에 열정도 없고, 능력도 없고, 그 일에 대한 수요도 없는 경우다. 추신수한테 야구 배트가 아닌 축구공을 팔아야 하는데 축구를 끔찍하게 싫어하는 세일즈맨이 있다고 상상해보라. 말 그대로 최악의 상황이다. 만약 입에서 "지겨워! 정말 돌아버리겠어!"란 말밖에 나오지 않는다면, 하루빨리 다른 일을 찾는 것이 낫다. 지금보다 신나게 일할 수 있는 일자리가 있다면, 월급이 좀 적더라도 적극적으로 고려해봐야 한다. 만약 그것마저 불가능하다면 취미 생활이라도 즐겨야 한다. 무엇이 되었든 그것을 성의 없이 하는 것보다는 흠뻑 빠져드는 것이 바람직하다.

정신의학자들은 인간이 피로를 느끼는 이유는 정신적인 태도에 원인이 있다고 규정하고 있다. 좋아하는 일을 하고 있으면 밤을 새도 전혀 피곤하지가 않다. 나는 3박 4일이라도 혼자 즐겁게 음악을 틀 수 있다. 일이 지루하다거나 자신이 정당하게 평가받지 못하고 있다는 생각, 불안, 초조, 고민 따위가 결국 사람들에게 피로를 불러온다.

속도에 중독된 현대인은 '템포 바이러스'에 감염된 모습이다. 무엇을 향해 달리는지도 모른 채 그저 서두르지 않으면 낙오자가 될 것 같은 불안에 시달린다. 이러한 불안은 사람들을 충동적으로 만들어 불신과 불안 속에 점점 자제력을 상실하고 인내심을 잃게 만든다. 요즘 젊은이들은 일에서도 바로 가시적인 성과를 낼 수 있는 것을 선호한다. 힘들고 끈기가 필요한 일은 '적성에 안 맞는다'는 핑계를 대며 외면한다. 그러나 어떤 일이라도 즉각적인 성과를 쫓으며 서두르기만 하면 결코 잘할 수 없다.

꾸준하다는 말은 잠깐 빛을 발하는 '반짝'이라는 단어보다 훨씬 중요한 의미를 갖는다. 순간적인 쾌감은 중독성을 가지고 있어 앞서 느낀 환희에는 더 이상 만족하지 못하게 된다. 쾌락은 쳇바퀴를 도는 속성이 있어 더 자극적인 것들로 채우기 위해 더 많이, 더 강력하게, 더 빠르게 모든 일을 이루어내려고만 한다. 짓누르는 스트레스 속에서는 창조적인 발상이 나오기가 쉽지 않다. 꾸준하려면 장작불처럼 최고의 화력을 내려고 해서는 안 된다. 늘 한결같은 생각으로 마음의 여유를 가지고 천천히 이뤄나가야만 한다.

"저마다 어느 때 어느 곳에서 배를 탄다. 배가 이곳저곳을 한가로이 순항할 때 승객들은 변하는 풍경을 즐기고 새로운 항구에 정박할 때마다 새로 타는 승객을 환영한다. 선상에서 친구도 사귀고 노름도 하면서 돈을 잃기도 하고 따기도 한다. 술도 마시고 춤도 춘다. (중략)

그러나 때가 되면 우리는 새 승객을 위해서 하선을 해야 한다. 약속된 일정이 끝났기 때문이다. 얼마나 아름다운 유람이었던가! 우리는 유람의 기회를 얻은 것을 고마워하면서 후회 없이 하선을 한다. 이 유람에서 제일 고맙고 아름다운 일은 그 누군가 나에게 공짜표를 거저 선사해주었다는 데 있다. 이것이 인생이 아닐까."

—전시륜, 《어느 무명 철학자의 유쾌한 행복론》에서

가장 넓은 바다는 아직 항해되지 않았고 가장 먼 여행은 아직 끝나
지 않았다. 불멸의 춤은 아직 추어지지 않았으며 가장 빛나는 별은
아직 발견되지 않은 별.

더 바랄 게 없는 지경

　　　　　이미 충분히 행복한데,
　　자꾸만 더 행복하라고 하니 나는 잠이 올 수밖에.
　　이미 충분히 즐거운데,
　　자꾸만 더 즐거우라고 하니 나는 잠이 깰 수밖에.

　　마치 자기가 살아가는 방식이 정답이라는 듯이 남들에게 이래저래 충고하는 사람들, 고맙지만 그냥 나는 나대로 살면 안 되겠니? 이럴 때 〈친절한 금자씨〉라면 뭐라고 했을까. "너나 잘하세요."

　　니체는《인간적인, 너무나 인간적인》에서 "하루의 3분의 2

를 자기 마음대로 쓰지 못하는 사람은 노예다"라고 말했다. 시간을 자신을 위해 쓰지 못하고, '남들이 보기에 행복해 보이는 삶'을 살기 위해 애쓰는 일, 그것은 내가 원하는 삶의 방식이 아니다.

나는 미니멀리스트다. 나 스스로가 무엇을 원하는지 명확하게 알고 가장 소중한 것에 집중하는 사람이 미니멀리스트다. 나는 멋진 스포츠카나 명품 옷을 싫어하는 게 아니라, 아예 관심 자체가 없다. 내가 추구하는 삶의 본질적 가치가 애초에 그 방향이 아니기 때문이다. 나는 '남들이 보기에 행복해 보이는 삶'을 살기 위해 애쓰고 싶지 않다. 내가 진정으로 원하는 것을 하는 데에는 사실 많은 돈이 필요하지 않다.

나는 잠들기 직전까지 책을 읽고, 일어나자마자 책을 읽고, 일어나서는 음악을 듣고, 밥을 먹고는 음악을 만들고, 맛있는 거 찾아다니고, 어디든 가고 싶은 곳으로 놀러 가고, 좋아하는 사람들과 맥주 마시고, 음악을 틀고, 재미나게 놀고, 지금 이대로 더 바랄 게 없다. 더 안 벌어도 되고, 더 유명해지지 않아도 되고, 더 파괴하지 않아도 된다. 돈 더 벌고 환경 파괴하고 타인을 짓밟고 필요 이상의 부와 소유와 명예로 살아가야만 의미 있는 일인가? 결코 길지 않은 인간의 삶에 있어 꼭 그렇게 양적으로 많고 풍부해야만 하는가? 나는 이미 질적으로 충만하다. 더 이상의 채움은 필요가 없다.

나는 이미 경차만으로도 행복한데, 그나마 있는 경차도 잘 안 타고 전철 타고 다니며 책 읽는 게 행복한데, 전철로 절약한 남는 시간에 서점 들어가 《주역》 책 한 쪽이라도 더 보는 게 행복한데, 꼭 비싼 관리비 들여가며 고급차 타고 다니면서 지겨운 차량 정체 속에 소중한 시간과 기름을 소비해야 하는가?

원소주기율표에도 각 원소의 특징과 속성이 다르듯이 사람도 다 각자의 '인생가치율표'가 있다. 나는 언젠가 나만의 인생가치율표를 만들어본 적이 있다. 예를 들면 이런 거다.

감정족: 행복, 사랑, 우정, 자유

소유족: 책, 음악

음식족: 맥주, 오리고기

\# 행위족: 독서, 방송, 강의, 여행, 영화 보기, 음악 틀기, 음악 만들기

\# 동물족: 개, 고양이

내가 인간임을 잊지 않는다

고대 그리스 시대에 'Gnoti Seauton'이라는 명구가 있었다. 이 말은 델포이 신전 현관 기둥에 쓰여 있던 글귀로, 소크라테스에 의해 적절히 응용되면서 인류 역사상 최고의 명언이 되었다. 그렇다. 바로 "너의 무지함을 알라" 또는 "너 자신을 알라"라는 것이다. 몇 년 전 대한민국을 뜨겁게 달구었던 교육부 간부, 그는 아마도 몰랐으리라. 자기 의식 깊숙한 곳에 박혀 있던 "민중은 개, 돼지"라는 그 생각이 이토록 많은 국민에게 지탄을 받게 될 줄 전혀 몰랐을 것이다.

맬서스는 "식량은 산술급수적으로, 인구는 기하급수적으로 증가하므로 인위적으로 출산율을 낮춰야 한다"라며 하층민

제거를 주장했다. 그는 열등 인종의 수를 줄이기 위해 전쟁, 기아, 질병 등이 필요하다고 했는데, 이쯤 쓰다보니 유전 법칙을 응용해서 인간 종족의 개선을 연구했던 골턴의 우생학이 떠오르고, 특정 인종의 제거를 주장했던 히틀러도 떠오른다.

내가 좋아하는 스피노자는 존재의 등급과 서열에 기반을 둔 완전성 개념을 거부했다. 이는 존재의 한 측면만을 획일적으로 규정하려는 사고방식에 대한 비판을 담고 있으며, 사회적인 억압에 대한 비판 역시 담고 있다. 인간을 어떠한 성향의 동물로 정의하는 순간, 그것과는 다른 성향을 가진 인간은 비정상적이고 불완전한 존재로 간주될 위험이 있기 때문이다. 같은 논리가 인종이나 성^性, 국적이나 부에 따른 억압과 차별에도 적용되어야 한다. 인종이나 성은 불완전성이나 결핍의 증거가 아니므로 차별의 근거가 될 수 없기 때문이다.

순자는 〈성악편^{性惡篇}〉에서 이렇게 말했다.
"인간의 본성은 악하다. 인간의 선함은 후천적이며 인위적인 교육의 결과다. 인간은 태어나면서부터 이익을 좋아한다. 그런 본성을 따르기 때문에 남을 해치고, 다투며, 질서나 도덕을 파괴한다. 그러므로 스승의 지도를 받아야 하고, 예의에 따른 교화가 필요하다. 그렇게 하면 본성을 억제하는 힘이 생기고, 질서나 도덕을 되찾아 세상이 편안해진다."

교육이 이렇게나 중요한데, 이 나라의 교육을 담당하는 고위 공직자들의 막말 멘트 수준이 "민중은 개, 돼지", "신분제 공고화", "빚이 있어야 파이팅도 생긴다" 등이니, 국민적 공분이 어찌 사그라들겠는가.

고대 로마에서는 개선장군이 로마로 귀향할 때 한 사람을 마차 뒤에 숨겨두는 관습이 있었다고 한다. 로마 시내를 행진하는 동안 개선장군은 시민들의 환호에 화답하게 되어 있는데, 바로 그때 마차의 수레 뒤에는 한 사람이 숨어서 장군에게 끊임없이 이렇게 외친다는 것이다.

"그대여, 너는 네가 인간임을 잊지 마라. 장군이여, 너는 네가 인간임을 잊지 말아라."

개선장군은 열광적으로 환호하는 로마 시민들의 모습을 보는 동안 무의식중에 황홀경을 느끼게 될 것이며, 그로 인해 자신이 인간이 아니라 신일지도 모른다는 착각에 빠져 교만해지고 우쭐거리다가, 마침내 태양을 향해 오르다 날개가 녹아 추락하여 죽는 신화 속 이카로스처럼 비참하게 몰락할 것을 경계하는 현명한 사전 예방책이었던 것이다.

이쯤에서 '홍익인간' 정신을 다시 한 번 상기하는 게 좋겠다. 홍익인간 정신은 널리 인간을 이롭게 한다는 한민족의 건국 이념이다. 홍익인간 정신의 핵심은 모든 사람이 자신의 가치를 깨닫는 것이며, 그 깨달은 가치를 나를 넘어서 다른 사람, 사회, 국가, 그리고 이 지구를 위해 쓰는 것이다. 우리는 다 같이 어우러져 살아야 할 인간임을 매 순간 잊지 말자.

칸트 하면 다들 손사래를 치지만, 사실 칸트의 견해를 매우 간단히 요약하면 이렇다.
"자기 생활신조를 보편화할 수 있다면, 그리고 그것이 누구에게나 적용되는 법칙이 될 수 있다면, 그러한 원칙에 근거해서 나온 것은 윤리적이다."
예를 들어 내가 살인을 저지르지 말아야 할 이유는 처지를 바꿔서 누군가가 나를 살해하는 것을 원치 않기 때문에, 그리고 그것이 보편적인 법칙이 될 수 없기 때문이라는 것이다.

인간관계에서 가장 중요한 법칙은 상대방이 나에게 해주기를 원하는 것처럼, 나도 상대방에게 베푸는 것이다. 공자의 《논어》에서도 가장 강력한 한마디는 '기소불욕 물시어인己所不欲 勿施於人', 즉 '자신이 원치 않는 것은 남에게도 강요하지 마라' 아니겠는가?

"깊이 생각하면 할수록 새로운 감탄과 함께 마음을 가득 차게 하는 기쁨이 두 가지 있다. 하나는 별이 반짝이는 하늘이요, 다른 하나는 내 마음속의 도덕률이다."

–칸트

항상 하늘과 도덕률에 비추어 자기 자신을 점검하자. 그리하여 매번 잘못된 점을 찾아 반성하는 사람이 되자.

세상 모든 것에는 끝이 있다

더글러스 애덤스의 《은하수를 여행하는 히치하
이커를 위한 안내서》에 나오듯, 대부분의 사람들은 거의 똑같
은 질문을 하고 산다.

"왜 내 인생만 이렇게 불행한 걸까? 왜 나만 이럴까?"

그러나 이만큼 어리석은 질문도 없을 것이다. 나만 모르는
것이 아니다. 우리는 모두 동의도 허락도 없이 이 세상에 태어
나 던져졌다. 하이데거의 개념으로 말하자면 '피투'된 것인데,
그렇게 살다가 또 대부분 허락도 동의도 없이 어느 순간 죽을
것이다.

인생은 힘들고, 남루하고, 고통스럽고, 곧잘 자존심 상하기

도 한다. 살아간다는 것은 그런 것이다. 그렇다면 우리가 할 수 있는 것은 하나뿐이다. 탄생과 죽음이라는 변치 않는 두 진리 사이에 매달려 있는 '인생'에 적극적으로 '기투'해나가야 한다. 기투란 자기를 내던지는 것이다. 좋아하는 일을 하고 좋아하는 사람을 만나며 살면 되는 것이다. 여름에는 계곡에 올라 삼겹살에 시원한 맥주를 마시고, 겨울에는 첫눈을 구경하면 된다. 인생에는 그 이상의 의미도, 그 이하의 비밀도 없다.

우리는 조기교육에 시달리고, 영어, 수학, 피아노, 태권도, 그림 등 많은 것들을 배우지만, 제대로 할 줄 아는 것은 별로 없다. 언제나 바쁘고 피곤하다. 고등학교를 졸업하고 대학에 들어가고 대학을 졸업하면 결혼을 한다. 결혼을 했으니 아이를 가지고 낳은 아이는 곧장 학원으로 보낸다. 시간이 지날수록 자동차와 아파트 평수는 더 커져야 한다. 아무 이유 없이 그냥 그렇다. 무엇을 전공하든 결국 비슷한 일을 하다 60세가 되기 전 자영업 사장이 된다. 그리고 조금 더 살다 죽는다.

만약 죽은 후 인생 전체를 되돌아볼 수 있다면, 우리는 당연히 행복한 날들이 가장 많은 인생을 선호할 것이다. 만약 우리가 살고있는 이 세상이 미래 후손의 시뮬레이션이라고 가정한 다면, 우리는 어떻게 살아야 할까? 반복되거나, 의미 없거나, 배울 것이 없거나, 재미없는 시뮬레이션은 시간 낭비다. 다른 사람들과 다르고 재미있고 의미 있으며 흥미로운 인생을 사는 게 좋을 것이다.

메소포타미아 수메르 왕국 전설의 왕 길가메시Gilgamesh는 친구의 죽음을 마주하고 자신도 언젠가는 죽어야 한다는 것을 느끼고는 영생의 약초를 선물받았다가 그 약초를 도난당하고 말았다. 그는 울부짖으며 이제 자신은 어떻게 살아야 하느냐고, 어차피 죽어야 하는데 왜 살아야 하느냐고 묻는데, 이때 우트나피쉬팀Utnapishtim은 말한다.

"길가메시야, 슬퍼한다고 죽지 않는 것이 아니다. 너무 슬퍼하지 말고 다시 집에 돌아가 원하는 일을 하며 아름다운 여자를 사랑하거라. 그리고 좋은 친구들과 만나 맛있는 음식을 먹고 술도 마시며 대화를 나누거라."

세상은 됐고 나를 바꾼다

1판 1쇄 발행 2018년 12월 25일

지은이 DJ 래피

기획편집 최창욱
기획마케팅 조민호
펴낸이 최창욱
펴낸곳 윌링북스
주소 서울시 은평구 갈현로1길 11 B-602
전화 02-381-8442　**팩스** 02-6455-9425
이메일 willingbooks@naver.com
출판등록 제25100-2017-000010호
ISBN 979-11-963441-4-6 03190

이 도서의 국립중앙도서관 출판예정도서목록(CIP)은 서지정보유통지원시스템 홈페이지
(http://seoji.nl.go.kr)와 국가자료공동목록시스템(http://www.nl.go.kr/kolisnet)에서 이용하실 수 있습니다.
(CIP제어번호: CIP2018039894)